# 生活の思想と福祉社会

柴田周二 著
*SHIBATA Shuji*

ナカニシヤ出版

# まえがき

生活の概念をどう規定するかは多様である。しかし、生活が、われわれの生きる場における人間と文化形成の出発点であり、終着点であることは間違いない。戸坂潤の言葉に拠るまでもなく、生活は「計画ある営み」であり、人びとの間に一つの経験として定着している。経済学者の長幸男は、次のように述べている。「生活の中で物を売り買いしたり、さまざまの取引をしたりすることのルールとか仕組み、変化発展する経済生活のイギリス人の経験をありのまま把えて一般化してきたのが、経済学なんだ」と（助川顕・長幸男・平田清明・伊東光晴「欧米経済社会考——わが生活体験から」伊東光晴ほか『日本の経済風土』日本評論社、一九七八年、四頁）。すなわち、社会科学の理論は、ある時代における社会的現実を基礎に形成されたものであり、無条件にすべての社会に適用されるものではない。

ゲゼルシャフトとゲマインシャフトが複雑に交錯するわが国は、他律的な人間の集合化が顕著な社会である。その中で、自律的あるいは自立的な人間の集合としての市民社会を基礎とする福祉社会が形成されるためには、人びとの日常生活における意識そのもののあり方を考察する生活研究を媒介として、責任と相互扶助を原理とするゲノッセンシャフトとしての協同関係の形成が企図されなければならない。そうした試みを通じて初めて、福祉社会の基本原理としての基本的人権は日常生活に定着する。新しい思想が、一般民衆の思考や行動様式を規定するには、衣食住の生活体系を支配する生活様式や慣習の点検と変化が必要である。

そもそも、生活研究は、人間を知性のレベルだけでなく、生活感覚を含めて総合的に捉えようとする。そのために、生活研究は、制度だけでなく、衣食住の日常生活で形成された民衆の習慣や行動様式を把握することを目的としている。人間を全人的に捉えるということは、社会をその深層において捉えることであり、地域生活のあり方を究明することは、生活を具体的に把握することにつながる。生活の思想というのは、こうした中で形成されるあるべき人間生活を実現する福祉社会の探究である。

本書の構成は、第一部「戦後日本の生活研究と家政学」と第二部「日本の生活文化と福祉社会」の二部から成っている。

第一部第一章の「戦後日本の生活研究の諸潮流とその特徴」では、前著の『生活研究序説——戦後日本の生活研究』(ナカニシヤ出版、一九九五年)を踏まえて、戦後日本の生活研究において重要な役割を果たした、今和次郎の「生活学」、岡村重夫の「社会福祉学」、西山夘三の「住居学」、篭山京・中鉢正美・江口英一らの社会政策学的「生活構造論」などを中心に、戦後の生活研究の流れの特徴を明らかにしている。戦後日本の生活研究は、それぞれの科学分野で論じられることはあっても、生活研究全体として、その視点が問題にされることはあまりない。にもかかわらず、ここで、総体としての生活研究の視点と特徴を論じるのは、生活研究が一つの科学として独立することが、日本の福祉社会を形成する上で重要だと考えるからである。

第二章「戦後日本の生活研究と個人主義——日常的主体性の形成をめぐって」では、前章を受けて、各研究が基本的人権の国民的定着と密接に関係する日常生活場面での個人主義の形成に貢献することを示している。近代西欧の歴史において、個人主義の形成と人権の確立が並行して実現されてきたことは言うまでもない。しかし、わが国においては、これらの思想は、明治以後に外国から移入されたものであり、国民の日常生活の中で自生的に形成されてきたものではない。したがって、福祉社会の基本的原理である基本的人権が国民の間に根付くためには、日常生活に根ざした個人主義がいかにして形成されるかが明らかにされなければならない。

第三章「生活支援学としての「家政学」の基本的視点」では、生活研究の他の重要分野である家政学の基本的視点としての「生活支援」の立場から日常生活を合理化する必要を述べている。生活支援に関する理論的研究を早くから展開していたのは、黒澤貞夫である。しかし、生活支援という理念を中心として家政学の全体を論じたのは、筆者たちの書物（柴田周二・森悦子・浜屋和子・湯川聰子編著『生活支援のための家政学概論――介護・福祉の質の向上をめざして』ミネルヴァ書房、二〇〇五年）が最初期であったと思う。その後、筆者と森悦子との共著による「「家政学」と「生活支援」」（『介護福祉学』一五巻一号、二〇〇八年）、井上千津子・阿部祥子『生活支援の家政学』（建帛社、二〇〇九年）、田崎裕美・中川英子『生活支援のための調理実習』（建帛社、二〇一〇年）等が出て、生活支援という言葉は家政学に根付くようになった。

次に、第二部第四章「宮本常一の民俗学（一）――慣習と社会」、第五章「宮本常一の民俗学（二）――相互扶助と自立」、第六章「柳田國男と常民――基層文化の探究」では、日本人の思考様式の根底にある日本文化の基層や社会の特徴を究明した宮本常一や柳田國男の民俗学を、社会福祉の視点から捉え直し、社会福祉に関する習俗と道徳論との関係を解明する「福祉民俗学」とでもいうべきものを形成する出発点を探っている。宮本常一の民俗学については、全国を巡る旅の側面だけが強調されて、彼が全体として何を問題としようとしたのかを明確にしたものは少ない。そこで、第四章と第五章では、彼の民俗学を、相互扶助をめぐる慣習と人格形成の学として位置付け、その全体像を示してみる。続く第六章では、宮本常一の出発点ともなった柳田國男の民俗学の方法意識を、マックス・ウェーバーのそれと比較しながら、柳田における「友達」や「協同性」がもつ意義を明らかにしている。日本社会の中で相互扶助や協同性をめぐる人間関係がどのような形で存在したかを探ることは、これからの福祉社会を形成する上で重要な意味を持っている。

第七章「二宮尊徳と報徳仕法――コミュニティ・ディベロップメントの源流」では、現在埋もれがちな二宮尊徳の思想とその仕法を、地域開発や社会的企業の先駆として位置付け、日本の歴史や社会に適合した社会福祉の方法を模索している。二宮尊徳と報徳仕法に関しては、今日に至るまで膨大な研究が存在する。しかし、報徳社の具体的活動に関する研究は意外と少なく、報徳社と地域社会との関係、報徳社の戦後における活動やその後の衰退や地域差などの理由は、明確にされているとはいえない。本章では、そうしたことを解明する第一歩として、二宮尊徳の報徳仕法を社会福祉の観点から捉え、その現代的意義を考えてみる。

最後に、第八章「福祉社会の価値意識と協同関係」では、これまでの考察を基礎として、未来の福祉社会を実現する主体として重要な役割を果たすであろう自立的個人から構成される協同組織のあり方を探り、これからの人間関係を考える出発点とする。

こうして、本書は、前著の内容を足掛かりとしながら、日本人の生活意識の背景にある国民的エートス、あるいは、これからの福祉社会を形成するに当たって考慮すべき日本の生活文化の特殊性を解明する「福祉民俗学」の基礎を提供し、あわせて日本独自の社会福祉方法論の現実化に役立つことを願っている。巻末には本書の執筆の基礎となった「引用参考文献」を付している。

生活の思想と福祉社会

*

# 目次

まえがき　i

# 第一部　戦後日本の生活研究と家政学

第一章　戦後日本の生活研究の諸潮流とその特徴……4
一　生活研究の自律性と生活の多元的把握　4
二　生活の全体的把握と主体的把握　10
三　生活の階層的把握と地域社会の重視　17
四　生活研究の価値前提と課題　23

第二章　戦後日本の生活研究と個人主義——日常的主体性の形成をめぐって——……29
一　日常生活次元の個人主義　29
二　今和次郎の「生活学」——生活手段における精神——　34

三　岡村重夫の「社会福祉学」
——生活問題の具体的解決法——　38
四　西山夘三の「住居学」
——住宅運動と地域社会——　43
五　福祉社会の形成と生活研究　46
第三章　生活支援学としての「家政学」の基本的視点……51
一　実践的総合科学としての家政学　51
二　生活支援のための家政学　57


## 第二部　日本の生活文化と福祉社会

第四章　宮本常一の民俗学（一）
——慣習と社会——……64
一　宮本民俗学の課題と方法　64
二　日本社会の変化
——村落と都市——　68

三　日本社会の基礎構造　74
第五章　宮本常一の民俗学（二）……84
——相互扶助と自立——
一　日本人の仲間意識と相互扶助　84
二　中央と地方　91
三　学問と教育　94
四　宮本民俗学とこれからの社会　104
第六章　柳田國男と常民……111
——基層文化の探究——
一　柳田國男の民俗学と「常民」　111
二　マックス・ウェーバーの「エートス」と柳田國男の「常民」　116
三　日本の近代化と個人　118
第七章　二宮尊徳と報徳仕法……124
——コミュニティ・ディベロップメントの源流——

一　報徳仕法と報徳運動　124
二　報徳思想と現代　130
三　社会福祉と尊徳の思想　137
第八章　福祉社会の価値意識と協同関係……144
一　戦後日本の生活社会と福祉社会　144
二　社会福祉と協同組織　150
＊
引用参考文献　156
あとがき　172
初出一覧　176
事項索引　181
人名索引　182

# 生活の思想と福祉社会

# 第一部　戦後日本の生活研究と家政学

# 第一章　戦後日本の生活研究の諸潮流とその特徴

## 一　生活研究の自律性と生活の多元的把握

### †生活研究の過程

一般に、「生活研究」という場合、われわれが意味するのは、資本主義社会における勤労者層の生活を中心とする国民の生活問題の研究である（岩田　一九八五、一〇〇頁）。生活研究は、国民の生活を社会制度と個人の両面から総合的に捉え、私的生活領域で生ずる多くの「生活問題」（それらは時には「貧困問題」という言葉で表現される）が、「労働問題を基底としての生活問題であることを認めた上で、その認識の起点を衣食住などの消費過程の行なわれる家庭、地域におき」（一番ヶ瀬　一九八四、五五頁）、社会制度と個人との間に存在する矛盾と対応の関係を明らかにすることを目的としている。それは、言わば社会的視点からの私的生活の研究として（すなわち生活研究は社会科学の一分野である）、生活そのものの質を問う「生活改革論」という性格をもっている。

わが国の生活研究は、一九三〇年代頃から社会政策や労働問題研究の中で始まり、その後、労働力保全論を中心とする戦時「国民生活研究」を経て、戦後には社会政策学や社会学、住居学、家政学、社会福祉学、民俗学、文化人類学などの分野で幅広く行なわれるようになった。戦後の生活研究には、家庭生活の社会構造に対する相対的自立性を明確にした篭山京や中鉢正美の「生活構造論」、生活の形態面や倫理面から生活のあり方に迫った今和次郎の「生活学」、近代社会における生活者の自己形成の論理を明確にした岡村重夫の「社会福祉学」、生活における空間的価値の問題を論じた西山夘三の「生活様式論」、日本人の生活習慣に潜む価値や行動様式を明らかにしようとした宮本常一の「民俗学」、さらには国民生活の階層的構造を解明しようとした江口英一の「社会階層論」などがある。しかし、わが国の生活研究は、従来の専門科学的枠組の中で独立的に行なわれ、上に述べたいくつかの業績も、一つに統合されて生活の全体的構造を解明する科学とはならなかった。その結果、生活研究の方法は、今日でも確立されたものとはなっていない。

しかし、経済の発展に伴う生活の激しい変化やグローバリゼーションによる生活不安の深化によって、「生活」の具体的解明は社会研究に必須の課題となり、近年ではワークライフ・バランスなど「生活の質」や「社会の質」に対する関心も高まっている。社会制度や社会体制の研究は、「生活研究」から離れて存在できない状況にある。

以上の点から、生活研究は従来の専門科学に対して、その独自性を明確にする時期に来ている。ここでは、こうした課題に取り組むための前段階として、戦後日本の生活研究を振り返ることで、そこに見られるいくつかの特徴を取り出し、これからの福祉社会の形成に貢献する生活研究の視点を明らかにしたい。

## †生活の自立性

戦後日本の生活研究は、家庭生活の社会構造に対する相対的自立性、すなわち資本主義社会を支配する「資本の論理」や「効率性の原理」に対する家庭生活の構造の固有性を明確にすることから出発した。この点で大きな役割を果たしたのは、第二次大戦中の篭山京の著作『国民生活の構造』(一九四三年)である。

篭山は、この著作の中で、労働者の生活時間を、エネルギー循環の視点から、エネルギー支出としての「労働時間」、エネルギー補給のための「休養時間」、それ以外の時間としての「余暇時間」に分類し、①社会的生活時間としての「余暇時間」(社会的交際、身仕度など社会生活を営む上で必要とされる時間)には一定のパターンが存在し、余暇時間の長さは労働時間の長さによっては直接的に影響されないこと、②休養時間はエネルギー支出の大小よりも、むしろ余暇時間を規制する社会的事情や慣習などの社会関係(「生活構造」)によって規定される傾向の強いことを示した(篭山 一九八四c、一二八頁)。つまり、彼は、労働力再生産という資本にとって不可欠の活動が、家庭という企業の直接関知しえない場で、しかもエネルギー循環という「自然の理法」に支配されて、資本制生産の論理からは相対的に独立した形で実現されることを示すことによって、労働者生活の自律性を示す「生活の理論」を展開しようとしたのである(篭山 一九六九、四七七‐四七九頁)。

戦後になって、篭山京の業績を継いだ中鉢正美は、「家庭生活において人間の労働力が、個体的及び世代的に再生産される過程を研究する科学」を「生活学」と名付け(中鉢 一九五四、序四頁)、労働力再生産過程である「家庭生活の構造」を解明した。彼は、労働力商品の特性を、「利潤の獲得はおろか商品の販売をも目的とすることなく、更にはおよそすべて他の目的に対する手段としては意識されることのない各人の欲望充足過程において結果として再生産され」る点に求め、家庭生活の構造を、家族という自然的人間集団の関係を媒介として「消費生活の慣習的構造」に制約されて行なわれる自然的物質代謝の過程として捉えた。そして、これを個体の生理的な生存維持の栄養学的法則だけでなく、かかる個体の構成する生活集団の構造を維持する生態学的法則と関連させて解こうとした（中鉢 一九五七、八頁）。

中鉢は、家庭生活の変動が、外部の社会的変化にずれて発生することに着目し、その原因を「同一世帯内における生活構造の伝承」、つまり「履歴効果」に求めた。すなわち、中鉢は、家庭生活の社会的変化に対する相対的自立性の根拠を、家族という自然的人間集団に媒介されて行なわれる「慣習形成過程」の中に求めたのである（中鉢 一九五六、一四八頁）。

一方、民俗学の宮本常一は、民衆の行動の研究にあって制度と慣習を区別する必要性を説いている。宮本は次のように述べている。「制度と慣習は違う。制度でものごとが動いているように学校では教わった。しかし、人間は制度にふりまわされて生きているわけじゃない。慣習が行動の基礎となっている。今一度、そのことをふりかえり、我々の生活を見直してみる必要があるのではないか」と（谷沢 一九八一、四〇二頁）。ここに、制度とは、「条文化されそれを守っていくもの」であり、慣習とは、そういう条文をもたないでお互いの約束ごとなどの中で生きていくもので、民衆の日常生活の行動を規定しているものである（宮本 二〇〇二、二三八頁）。すなわち、慣習による社会というのは本来制度的なものではなく、生活の上に制度社会が乗っかってきたものであり、制度と慣習との間の食い違いが多くの問題をもたらし、制度だけを頼りに論を進めていくと現実とのギャップが生じる一つの原因となるのである（宮本 一九七三a、一〇－一一頁）。

篭山と中鉢の両者に共通するのは、労働力再生産過程としての家庭生活の構造を、生存を維持するための休養や栄養的補給の必要という自然的法則との関連で捉え、家庭生活の変動が社会を支配する「資本の論理」とは相対的に独立する形で行なわれることを明確にした点である。その際、家庭生活の固有性の根拠が、篭山のように「余暇時間を規制する社会的事情や慣習などの社会的関係」に求められるか、中鉢のように家族という自然的人間集団を媒介とする「慣習形成過程」に求められるかという微妙な違いはあるにせよ、生活変動過程の社会的変化に対する独自性が明確にされたことは、生活研究が一つの学問として独立する上できわめて重要なことであり、これを出発点とすることが、生活研究の第一の特徴であった。

## † 生活の多元性

生活研究の第二の特徴は、生活の多元的把握である。家庭生活の社会に対する相対的自立性の主張が、生活の多元的把握と密接に関係していることは言うまでもない。

生活研究における生活の多元的把握をもっとも明確な形で示したのは、住居学の西山夘三である。彼は、『住居学ノート――新しい生活科学のために』（一九七七年）の中で、当時の生活分解の状況と「生活様式」を対象とする科学を「生活科学」と名付け、生活問題を解明した（西山 一九七七、五頁）。

西山によれば、「生活様式」（生活の仕方）とは、生活の「繰り返しの型」または「繰り返し」の中で形成された「生活過程の体系的秩序」を意味し、それは消費生活だけでなく、労働や休養、レクリエーションなどを含む生活の全循環過程を包括するものである。西山は、「生活様式」を、①生活の時間的構造（生活行為の時間的配分）、②生活の空間的構造（生活空間の構造、それとのかかわりあい）、③生活の経済的構造（消費生活、家計の配分、さらには産業構造）、④生活における人間関係（家族やコミュニティのあり方、社会階層や階級関係、社会構造）、⑤生活意識（生きがい、価値観）などから構成されるものとして、家庭生活を産業構造や社会構造などの広い社会的連関の中で捉えている（西山 一九七七、七‐九、一三頁）。

その場合、西山は、「生活様式」を規定する要因として次の四つの論理を挙げている。すなわち、「経済の論理」「政治の論理」「空間の論理」「人間関係の論理」の四つである。西山によれば、これらの論理は相対的に独立した価値のもとで、独自の作用を展開し（すなわち、各論理相互の関係は、「緊張関係」として捉えられている）、その複合作用の結果として一定の「生活様式」が存在する（西山 一九七二、八頁）。たとえば、資本主義という「経済の論理」に支配された体制の矛盾が、都市において空間と結びついて現われた問題が「都市問題」であり、住居学は生活の全体的構造を扱う「生活科学」の一分野として、空間の法則性を追求し、「空間の論理」の立場から生活空間と結びついた「生活様式」の問題を論じるものとなっている（西山 一九七一、三頁、西山 一九六八ａ、三頁）。このように、西山は、現代生活の「経済の論理」による基本的規定性を認める一方で、生活の多元的規定性を主張している。

その後、西山の生活様式論を継承する形で、資本主義的生産様式に対して資本主義的生活様式を対置する「生活様式論」が展開された[1]。しかし、これらの議論は、一般に、家庭生活の構造を経済的機構にのみ関連させて一元的に捉え、生産様式による生活様式の規定性を主張するだけに終わる傾向にあり、それだけでは、生活研究というものが登場してきたそもそもの意義が失われる。生活研究の目的は、単に生活様式の生産様式による規定性を明確にするだけでなく、労働力再生産が現実に行なわれる家庭生活の中身にまで入りこんで、労働力が再生産される実際のメカニズムを解明しようとした点にあり、そのためには生活変動過程の「資本の論理」に対する相対的独自性を明確にし、生活を多元的に把握することが必要だったのである。

生活を多元的に把握するということは、今和次郎が言うように、生活を「一色で描かれる墨絵ではなく、たくさんの絵具で描かれている絵」として捉えることを意味する（今　一九七二a、二〇六頁）。それは、生活研究が、生活を多様な要因から構成される総合的存在として捉えることを示し、生活の総合的把握にとって、生活の多元的把握は欠くことのできない重要な特徴だったのである。

## 二　生活の全体的把握と主体的把握

### † 生活の全体性

生活研究の第三の特徴は、生活の全体的把握である。生活研究の第一の特徴においてすでに述べたように、労働力商品は、他の商品と異なって、その需給は資本の自由になるものではない。それは、人間的欲望の充足という、きわめて複雑な人間の活動全体の結果として再生産されるものであり、家庭生活の内容は、決して単なる労働力再生産に限られるものではなく、人間生活全体が再生産される過程である。言い換えれば、家庭生活は、中鉢正美が言うように、個人のもつ生物学的基礎構造とそれを規定する社会的条件が全体的に交錯する相互規定の場として、人間の生命活動全体が営まれる場である（中鉢　一九五六、二頁）。

ところで、生活の全体的把握は、生活問題が個人の生活においては相互に密接に関連している（「生活の不可分割性」）という事実の上に理論的基礎を置いている（岡村　一九七九b、三二頁）。言い換えれば、生活の全体的把握は、生活問題当事者である「生活者」という「個人」の立場から行なわれなければならない。

生活の全体的把握は、そのままに放置すれば資本の運動法則に支配された富の再分配過程にすぎぬ経済の世界を、「生活者」の立場から総合的に把握することによって（岡村　一九五三、七頁）、文化的・社会的生活を含む「人間生活」全体を捉え、個人に対する「生活の意味」を明確にする。これは、生活研究が、単に経済的安定さえあれば他の要求は不要であるというような経済至上主義の人間観とは正反対の価値観に立脚したものであることを示している（岡村 一九八三、九七頁）。

生活研究における生活の全体的把握の内容を具体的に示したのは、「社会福祉学」の岡村重夫である。岡村は、生活を個人が社会生活を送るために最低限欠かすことのできない基本的要求（「社会生活の基本的要求」）が、「専門分業制度」を通して充足される過程として捉えた。そして、「社会生活の基本的要求」として、①経済的安定、②職業的安定、③家族関係の安定と住宅の保障、④医療と健康の保障、⑤教育の機会、⑥社会的協同の機会、⑦文化・娯楽の機会の七つを挙げ、それに対応する「専門分業制度」として、①社会保障、②職業安定制度ないし完全雇用制度、③家族法・家族政策・住宅政策、④医療・公衆衛生制度、⑤学校その他教育制度、⑥道徳・司法制度や職域・近隣、その他の社交団体、⑦文化・娯楽制度を挙げている（岡村 一九七二、六三頁）。つまり、岡村の考える生活の全体的把握とは、個人が社会生活を送る上で必要な七つの基本的要求を充足するために個人が社会制度と取り結ぶ「社会関係」の全体（それは、各個人ごとに調査し得る有限な具体的現象である）を把握することであって（岡村 一九六八、二二頁、岡村 一九七九ａ、三二頁）、決して哲学的・抽象的な全体の把握を意味するものではない。

生活研究は、生活の全体を把握するために、これまでさまざまな概念を用意してきた。篭山京や中鉢正美の「生活構造」や西山夘三の「生活様式」などはその例であり、岡村重夫の「社会関係」という概念もそれに相当するものである。

たとえば、篭山京は、生活構造を、「人間主体」と「生活環境要因」との相互関連関係の中で生じた「生活結果」によって形成される生活の固定的な枠組として捉え、その構成要因を、職業、家族構成、生活水準、教養、理性、住居、居住地域の環境などに求めている（篭山 一九八四a、四五頁、篭山 一九八四b、一三八頁）。すなわち、篭山は、人間主体とそれを取り巻く環境との間で営まれる労働者生活の実態を把握するために、彼らの生活を背後で規制しているさまざまな要因が一つの固定化したものとなって現われた現実の生活を、ひとまず「生活構造」という抽象的な形で捉え、その具体的な現われとして、「消費支出構造」などを取り上げているのである。

これに対して、西山の「生活様式」という概念は、消費過程における主体と物的な生活手段との結合様式に着目して、消費生活の面から生活の循環過程を全体的に把握しようとしたものである。それは、住居を中心とする一定の生活水準における「生活技術」（消費生活過程における種々の物質的手段の体系的結合様式）と「家族形態」から基本的に構成されている（西山 一九六七、三九二－三九三頁）。西山は、「生活様式」を、①生活の物質的側面と、②その上に形成されそれを変えていく要因としての生活要求・意識・人間関係・社会制度の二つに分けて捉え、「生活様式」を取り上げるに当たって、「生活の物質的手段」である「生活手段」を手がかりとすることを提唱している（西山 一九七七、一四頁）。

生活研究の概念としての「生活構造」と「生活様式」との関係は、今日でも必ずしも明確なものになっていない。しかし、ここでは、「生活様式」とは、ひとまず「生活構造」にあわせて日々の購入と消費が現実に繰り返すうちに購入の選択や消費行為が慣習化したもの、すなわち「生活構造」と日々消費するものとの組み合わせであると規定しておく（篭山 一九八四b、一三八頁）。

また、岡村重夫が、「社会関係」という概念を通じて、生活の全体的構造を把握しようとしたことは、すでに見た通りである。

このように、生活研究は、生活の全体的構造を、生活主体と生活環境とのあり方に着目して「消費支出構造」「生活手段」「社会関係」などの面から捉えようとしている。

生活研究における生活の全体的把握が意味するものは、生活問題当事者である「生活者」という「個人」の立場から社会を展望し、生活を個人に関係づけて総合的に把握することによって、「生活の意味」を明確にし、人間を自己疎外から解放する道を探ることである。この意味で、生活研究は、「等身大の科学」(玉野井芳郎)となることを目指している。

### †生活の主体性

生活研究の第四の特徴は、生活の主体的把握である。すでに述べたように、生活研究の特徴の一つは、個人という立場から生活を全体的に把握することにあった。この点で、生活研究は、生活を客体的に把握する傾向の強い他の社会諸科学とは異なっている。生活研究は、単に生活の枠組みである社会構造を把握するだけでなく、生活の全体像を個人の側から再構成することによって、近代社会における個人がいかに発想し、行動するかを明確にし(中鉢 一九八五、三頁)、社会構造に働きかけてそれをつくり変えていく個人の主体的側面をも明らかにするものでなければならない。つまり、生活研究における個人と社会との関係は、相互に規定し、規定されるものとして、両面的に捉えられなければならないのである。

生活研究における生活の主体的把握は、二つの面から論じられてきた。すなわち、①合理的日常倫理の形成と、②生活問題の具体的解決法の二つである。

まず、最初に、合理的日常倫理の形成について言えば、今和次郎は、「生活学」に関する諸論考の中で、主体形成の場としての日常生活に着目し、とりわけ衣服と住居に示された国民の生活思想の解明を通じて、近代的個人に必要な主体性の回復を目指した。彼は、国民の生活思想を「慣習」「流行」「合理」という三つの視点から把握し、「日常生活を通じての自己生活の倫理的研究」（今 一九七一b、一五頁）によって、現代人に適合した合理的生活を追求した。

今和次郎は、十八世紀の慣習、十九世紀の流行、二十世紀の合理というように、合理を慣習と流行に対比させて論じている（今 一九七一a、三五－三七頁）。今によれば、慣習的生活とは、「儀礼という君主のもとに臣食物が、臣衣服が、臣住居が営まれる」という、「思想も生活も上から与えられたまま」の無自覚な生活であり、それは「表向きの生活と内向きの生活」という二重生活（生活そのものの分裂症）を人びとにもたらす。そこに支配する精神は、人に「みせる、みられる」ためのものであり、エネルギーと金のムダ使いのはびこる世界である（今 一九七一b、一一－一三、一六一、四三五頁、今 一九七一c、一三一頁、今 一九七二b、三九五頁）。また、流行を求める生活は、一方では古い因習にとらわれた人びとの生活を伝統の束縛から解放する力となるが、他方では社会的競争と虚栄心にあおられた人のまねごとにすぎず、結局、主体的生活からほど遠いものであった（今 一九七一c、四二七頁、川添 一九八二、一七六頁）。慣習的生活と流行を追う生活の両者に共通する特徴は、浪費と非主体的な生活態度である。

以上の点からして、今和次郎が、合理的生活の内容を、慣習や流行に支配された生活ではなくて、生活の「必要」を自覚し、合理的日常倫理に基づいて行動する個人によって形成される主体的生活を念頭に置いていたことがわかる。また、彼が、自由放任時代の西洋の礼法の基礎を「心情倫理」に、近代の民主主義下のわれわれのエチケットの基礎を「責任倫理」に求めていることから（今 一九七二b、四〇〇頁）、合理的生活の内容は「責任倫理」

の基礎の上に形成されなければならないと考えたことは間違いない。

こうして、今和次郎による合理的生活の探求は、儀礼が支配する封建的生活に対する闘争のみならず、「流行」という人びとを誇示的消費や財の浪費へと導く資本主義のイデオロギーと親縁関係にあるものとの対決を含んでいる。この意味で、今和次郎の「生活学」は、封建制に反対する近代主義の枠組を超えて、今日もなお重要な意義をもっている。

今和次郎の「生活学」において注目すべき点は、彼の合理的日常倫理の探求は、衣服や住居という国民の日常生活ときわめて密接に結びついた部分、すなわち国民生活の「ホンネ」とも言うべき具体的部分での改革（生活革命）を通して「近代的個我の確立」を目指そうとした点であり[2]、他の多くの社会改良家に見られるように、政治や経済という制度的な次元での改革（政治革命）を目指そうとしたものではなかったという点である。今和次郎における日常生活重視の思想は、政治革命を目指す多くの人びとには欠如していた視点であり、こうした欠如が、実はわが国における近代的個我の確立を遅らせた基本的原因の一つであった。

第二に、生活問題の具体的解決法については、それを積極的に解明したのは、社会福祉学の岡村重夫である。岡村は、個人の専門分業制度に対する関係を、専門分業制度の制度的機能によって「役割」を客観的に規定される側面（社会関係の客体的側面）と、その役割の実行が個人の裁量・能力などの主体的条件によって左右される主観的側面（社会関係の主体的側面）の二つにわけて捉えた（岡村 一九六八、一三〇頁）。そして、「社会関係の主体的側面」から見た生活問題を「社会福祉問題」と名付け、その解明に努めた。

岡村は、「社会福祉」が対象とする「生活困難」（個人の最低生活上の要求が社会制度によって充足されない事態）を、生活問題当事者の主体的意味からして、①「社会関係の不調和」、②「社会関係の欠損」、③「社会制度の欠陥」の三つに分類している。そして、それらに対して社会福祉が果たす具体的機能として、①「評価」（生活困難の実態を生活問題当事者に認識させる）、②「調整」（専門分業制度や生活関連施策がその専門的視野の一面性のために生み出した生活困難の状態を専門分業制度の関係者に指摘して、利用基準を緩和させたり、制度の改善を促すことによって、制度が利用者をより多く吸収するように働きかける）、③「送致」（同じ地域内に存在するさまざまな団体や施設の中から、利用者の役割実行能力に適合した社会資源の利用を推進することによって、個人の社会関係の回復に努める）、④「開発」（個人の社会関係能力や新しい生活目標・生活態度を形成することによって、生活者の主体性を引き出し、生活問題の自主的解決の能力を高める）、⑤「保護」（クライアントの保護施設への収容）の五つを挙げている（岡村 一九五九、一四、一二一－一二四頁、岡村 一九八三、一二四頁）。

これら五つの機能は、いずれも、生活者の立場から制度を自己の基本的要求の実現に適合するように修正し、つくり出すことを援助することによって、生活問題当事者が生活問題を自主的に解決することを目指したものであり（岡村 一九七〇、二八頁）、社会福祉とは、結局、「生活者」が自己の生活困難の解決に際して発揮する個人的・主観的な処世訓に当たるものを、客観的・普遍的な方法にまで高めた技術的援助の体系である（岡村 一九八三、一三七－一三八頁）。

岡村の社会福祉学は、専門分業制度の支配する社会の中で、人間的自由の構造、生活者の自己形成の論理とは何かを解明し、国家の理念とは区別された市民社会における個人の現実的生活を把握しようとするものであった（佐武 一九七九、二一頁）。それは、自然的分業の発達の中で生じた人間疎外を「分業化された社会制度の否定」という体制変革によって解決しようとしたマルクスや、官僚制支配の中での人間の機械化を「全人の回復」という精神的態度によって取り戻そうとしたウェーバーらと異なって、生活問題当事者自身が、彼の社会的役割を主体的に実行するように合理的に援助することによって、生活問題を解決しようとする"social renewal"に関する具体的技術の体系であった（岡村 一九六八、一四七頁）。

こうして、生活研究における人間の主体的把握は、合理的日常倫理の形成や生活問題の具体的解決法の追求を通じて、さまざまな社会的規定性の支配する中での個人の日常生活における選択の構造、すなわち近代社会における人間的自由の構造を明らかにしようとした。それは、その日暮しの生活に終わりがちな人びとを主体的な人間に鋳直し、彼らを現実の生活困難から解放することによって新しい生活を形成しようとする、言わば人格形成を通じての社会変革を目指すものであった。

## 三　生活の階層的把握と地域社会の重視

### †生活の階層性

以上の点から、生活研究の第五の特徴である、生活の階層的把握が導き出される。生活研究は、個人の立場から生活を全体的に把握することによって、生活者の主体的構造を解明するものであった。しかし、それは決して単に個人生活の研究にとどまるものであってはならない。生活研究は、個人生活のあり方を社会構造との関連で取り扱うものとして、両者の相互規定の仕方を媒介する集団生活の構造を扱うものでなければならない。いま、仮に、不平等性が存在する社会の中での集団生活の構造を、社会の「階層的構造」と呼べば、生活研究は生活の階層的構造を明らかにすることが必要である。

耐久消費財の普及やマス・コミュニケーション手段の発達によって生活様式が画一化し、社会階層が流動化したかに見える今日では、国民生活を階層的視点に立って捉えることは困難であるとの認識が支配的であった。しかし、近年の国民生活は、正規労働者と非正規労働者の違いをはじめ、明らかに不平等化の傾向を強めており、今日の社会は、「階層」的視点から捉えられるものでなければならない。

生活研究の立場から、最初に生活の階層的構造を明確にしたのは、篭山京や中鉢正美の「生活構造論」である。篭山は、消費支出構造に具体化された「生活構造」を共通にする集団を「社会階層」と名付け、その立場から社会的な生活問題を論じている（篭山 一九八四c、一二八頁）。さらに、中鉢正美は、従来固定化を特徴とした日本社会の階層構造がやがて変動と混乱の状況を呈し、社会階層が次第に生活水準に基づく「生活階層」に還元される状況の中で、「社会階層」の固定化と流動化の根拠を「労働力再生産過程における労働者生活の構造」から動態的に解明する必要に迫られた（中川 一九八六、一五三頁）。そして、生活の変動過程を労働力の供給と消費財選択の序列（消費支出構造）の変化という形で捉え、それを生活主体がかかわる集団の性格に関連させて、「慣習形成過程」とそれを打破する「デモンストレーション効果」の絡み合いの中でとらえた。

しかし、生活構造論に依拠する形で生活の階層的構造をもっとも明確にしたのは、江口英一である。彼は、「生活構造」を規定する要因として、経済的地位、生活水準、消費支出構造、家族構成、慣習、生活様式、態度、社会的意識などを挙げている（江口・氏原 一九五五、六九頁）。そして、経済的地位を、主として社会階級構成上の組織化された社会的地位である「職業」の面から捉え、これを生産手段の所有状態、社会生活上の上下、地位の強弱、資本に対する位置などの点から細かく分類している。

江口によれば、「職業」は、①従業上の地位（雇用主、自営業者、被用者、役付きか役付きでないか）、②産業の分類、③労働の性質（熟練・不熟練労働、肉体・精神労働）、④就業の規則・不規則性（常用、日雇、臨時）、⑤

企業規模などによって分類され、一つの上下関係に並べられている（江口 一九七〇、三頁）。そして、①「生活水準」と「職業」との関係は、より下位の「社会階層」にゆくほど、「所得」（生活水準）の上下と「労働」や「職業」との関係に一致する傾向の強いこと（江口 一九七二、二四頁）、②労働者下層（不熟練、単純労働者など）の単婚小家族では生計を維持するために世帯員を有業者化（多就業家族）したり、被扶養者を減らしたりするなど、世帯規模を縮小する対応を迫られること（江口 一九八〇、二〇六－二二八頁）、③「消費支出構造」と「職業」との関係は、消費支出の画一化と社会的固定費の強制的性格によって、低消費世帯では消費生活における特定部分が一般に比べて欠落または過少になっていることなどが指摘され（江口 一九八二、一一六頁）、「社会階層」を「生活構造」と関係させて捉える方向が明確に示されている。

また、西山夘三を中心とする「生活様式論」においても、生活を階層的に把握する方向が出されている。西山は、生活の階層的構造を「住宅階層」という形で展開している。そして、「住宅階層」を、所有関係・用途・規模・生活様式と関係する建築物としての住宅の型だけではなく、収入階層・地域性・家族構成・生活様式などの違いを含んだ居住者側の複雑な階層分化の結合状態として捉えている。つまり、西山は、住宅という生活手段を通して現われた生活様式（住様式）の相違を、「空間構成の型」として描きだし、それらを、それぞれ、それを支持し、それにつながっている「住生活の型」（家族形態）、居住者の「階層」、彼らのもつ「住意識」と関連させて捉えようとしたのである（西山 一九六八b、五三五－五七四頁）。

しかし、西山の場合、「社会階層」の概念は、社会経済的秩序との関係を明確にしないまま、どちらかと言えば「生活手段」を中心に捉えられているために、「社会階層」の相違は量的なものに転化し、生活の階層的構造は必ずしも明確なものになっていない。

江口の場合にも「生活構造」は、主に「所得をうる関係」である「経済的地位」(「職業」に代表される)に規定されるものとして捉えられ、労働生活と家庭生活の媒介項は「所得」という量的なものに求められている。その結果、ここでも、「社会階層」は所得階層にすぎないものに転化する危険性がある。しかし、江口の場合には、「社会階層」はとりあえず家庭生活と労働生活の両面から総合的に捉えられ、社会経済的秩序の中に明確に位置付けられている。

こうした点から、篭山や中鉢の社会政策学的「生活構造論」や西山の「生活様式論」に見られる弱点を避けるために、社会学的「生活構造論」の側からは、「生活構造」を、行為主体に則して構造化された諸社会関係のネットワークまたは個人に準拠して形成される社会参加構造として捉え、「社会階層」を生活主体がとり結ぶさまざまな社会関係の量や質の違いによって分類する視点が提出されている(三浦 一九八四、七、二〇頁)。ここには、生活主体と社会制度との関係を「社会関係」という概念によって捉えようとした岡村重夫の影響が見られる。

いずれにせよ、生活研究における生活の階層的把握は、生活研究が単なる個人生活の研究にとどまらず、個人生活のあり方を社会構造との関連において捉える上で不可欠の視点であった。

### † 生活の地域性

生活研究における最後の特徴は、地域社会の重視である。生活研究において、地域社会が重視されるのは、それが単に人びとの日常生活の場であるからというだけではなく、ヨコの人間的結合の場である地域社会が、人びとが「資本の論理」や「効率性の論理」という社会を支配するタテの原理に対抗して生活を形成してゆく上で基本的に重要だからである。

たとえば、中鉢正美は、地域を「雇用労働者の都市集中によって増加した市民が、政治的決定に参加する市民権を行使しにくくなった状況において現われる第一次的結合の場」として捉え（中鉢 一九七四、九頁）、「官僚制」という政治・経済両体系の結合による自己増殖の悪循環に対抗して、それを制御してゆく主体の存在する場所として、「日常の生活が定着している地域を媒介とする住民の結合」を挙げている。つまり、中鉢は、企業や官庁を中心に営まれる社会制度を人間中心の福祉制度へ転換するために、企業や官庁に代わって人びとの生活を支える基盤として「地域」を捉えたのである。

また、宮本常一は、地方における文化の違いや、中央と地方（とくに交通の不便な山間部や離島）における富の偏在に着目し、格差の是正を提唱している。宮本によれば、地方は決して貧しくはない、地方における蓄積が仮にそのまま地方の産業を開発するような形で利用されるならば、それに耐えうるだけの蓄積をもっている（宮本 一九六七a、一七三頁、宮本 一九七二b、七五頁）。「ほんとの生産的なエネルギーというものは命令されて出て来るものではない」。惨めな村だから助けてくれというのではダメだ。村をよくするためにこんな計画を立て、こんなに努力している、それが村の生産や生活をどんなに変えてゆくかを訴え、「そうしなければならないぎりぎりの気持ちを持ってみんなが集まってくるとき」運動は進んでいくのであると述べている(3)（宮本 一九六九b、五〇頁、宮本 一九七三b、一八二頁、宮本 一九八四b、二〇八頁）。

さらに、住居学の西山夘三は、豊かな生活を形成する基本条件として、人間の「主体的な営み」を挙げ、その目標として人間の生活基地としての地域空間づくりの重要性を指摘している。そして、資本先導の生活づくりからそれを自分の手元に取り戻し、これを住民の民主的な自治による生活空間づくりに置き換えていく主体として、「地域住民」を挙げている。つまり、彼は、住民自治の地域づくりの活動に将来の期待をかけているのである（西

山　一九七三a、二九二－二九五頁）。このような主体形成が、戦後日本の著しい精神的傾向の一つである「欲望自然主義」や「私生活主義」との対決を必要としていることは言うまでもない。

最後に、社会福祉学の岡村重夫は、社会福祉を実現する主体として、社会化された生活態度と責任感に裏打ちされた住民参加の体制である「コミュニティ」を挙げ、住民の地域主体的態度と普遍主義的人権意識の両者を備えた地域社会の形成を目指している（岡村　一九七四a、六六－六七頁）。

岡村によれば、社会福祉とは、本来が対等で平等な個人の「相互援助」の体系を意味し、個人が全体的な自己実現を提供されるように組織化された地域社会において初めて、人びとはサービスの客体であると同時に主体にもなりうる「社会福祉」の体系が実現する（岡村　一九七六、三五頁）。しかし、社会関係の総体であり、生活問題発生の場所である地域社会は、住民にとって自然的に与えられた生活の枠組みであるにすぎず、そのままの形では社会福祉を実現する協同社会たり得ない。そこには、仲間意識はあっても目的意識は存在せず、その結合は感情的・非合理的で、四角ばった理屈や伝統に反する改革は原則として禁じられているのである（岡村　一九七〇、一三九頁）。

このように、生活研究は、生活主体が結集する場である地域社会に着目し、それが社会を変革する主体形成の場へ転化することを期待している。ここには、かつてマックス・ウェーバーが、官僚制や伝統的支配というタテの「単層的支配」に対して、ヨコの人間的結合である「ゲノッセンシャフト」（協同体）を対置して、前者に対抗する基盤を「ゲノッセンシャフト」としての「自治団体」に求め、ヨコの人間的結合の変革的意義を明確にした『支配の社会学』の構想を想起させるものがある。また、都市研究の面においても、早川和男らに見られるように、自治体主導の形で住宅問題が解決されることに期待をかけている論者も多い(4)。

こうして、地域社会の重視は、生活研究が立脚する一つの立場を示したものとして、生活研究の重要な特徴の一つとなっている。

## 四　生活研究の価値前提と課題

### †基本的人権の原理

以上、戦後日本の生活研究を振り返る形で、生活研究のいくつかの特徴を取り出してきた。先に挙げた六つの特徴は、必ずしもそのすべてを、個々の生活研究が備えているものではない。それらの特徴は、むしろ、「生活研究」が、全体として備えるべき重要な特徴である。

生活研究は、一般に現代社会を資本主義社会または官僚制社会として捉え、社会を支配する原理を「資本の論理」または「効率性の論理」に求めている。そして、そうした支配に対する「抵抗の基盤」として家庭生活を位置付け、そこに社会的変革の正当性の根拠を求めている。言い換えれば、生活研究は、量的生産を主眼とする経済至上主義や効率主義に対抗して、「生活の論理」の立場から、資本主義や社会主義の体制を超えて、人間にとって望ましい生活とは何かという「生活の質」を追求しているのである。それは、特定の価値観に基づいて行なわれる私的生活の研究であり、生活研究は純粋な「理論科学」というより、むしろ実践的な性格を有する「応用科学」(practice theory) であると言える（岡村 一九七九b、一〇頁）。

こうした特徴は、実はマックス・ウェーバーやグンナー・ミュルダールによって示されたように、あらゆる社会科学が有する特徴である。それゆえ、社会科学はすべて、それらが「客観的」なものであるためには、自らが依拠する「価値前提」(value premisses) を明確にするものでなければならない[5]。その際、生活研究の価値前提として一般的に認められるのが、「基本的人権の原理」である。

これは、言うまでもなく、日本国憲法第二十五条一項に示された、「すべて国民は、健康で文化的な最低限度の生活を営む権利を有する」という規定に基づいて生活を研究することを意味する。ここに言う「最低限度の生活」とは、単に消費水準が一定限度より高いことを示すだけでなく、生活を所得、住宅、家族、教育といった生活の多方面にわたる社会構造の中で、労働や職業をはじめ、社会上のいろいろの状況や社会関係、ものの考え方、意識などの一定のあり方と結合したものとして捉え、生活を社会全体の不平等構造の中で捉えることを意味する。したがって、生活研究は、近代社会の中で人間として保証されるべき正当な最低生活を享受できず、近代社会として「容認すべかざる剥奪」を受けている人びとの存在やそれをもたらした原因を解明し(江口 一九七九、三一五四頁、江口 一九八一、三一－四〇頁)、基本的人権とは何かということを「実証的」な方法で明らかにする「貧困研究」の一面をもっている。

生活研究は、一言で言えば、個人の立場から行なう生活世界の全体認識である。それは、決して単なる個人的な主観による生活認識ではなく、生活主体と環境との間の相互関連関係の中で生じた「生活結果」を通じての具体的な生活認識であり、一方では社会構造や生活の本質に関する客観的知識を前提としている。生活研究は、生活や社会に関する本質的把握(経済原論や生活原論)を前提としながら、生活の実態把握を目指す総合的な性格を有する科学なのである。ここに、「総合」とは、「再結集」、すなわち「生活改革」という生活研究本来の目的にたえず立ち戻って生活を認識することを意味する(西山 一九六九、五四七頁)。

生活研究の他の社会諸科学に対するもっとも大きな相違点は、前者が個人を中心に社会を展望するのに対して、後者は個人を取り巻く社会生活そのものを研究対象とする点にある。この点で、生活研究は、家庭生活を対象とする家政学と共通する面をもっている。しかし、生活研究の家政学に対する相違点は、生活研究が社会的規定性の支配する中での家庭生活の構造や個人生活を捉えようとする点にある。

## † 今後の課題

それでは、生活研究は、これらの特徴を備えた上で、今後どのように行なわれるべきであろうか。それを明確にすることは、われわれに与えられた重要な課題である。しかし、この課題は現在の筆者の能力を超えている。ここでは、その前段階として、先に挙げた生活研究の八つ特徴に関する若干の私的補足を行なうことで、この章を終えることにしたい。

まず、生活研究の第一の特徴である家庭生活の固有性については、生活変動過程の社会的変化に対する独自性を明確化する上で、生活研究が家族関係を媒介とする「慣習形成過程」の本質に注目すべきことは言うまでもない。「慣習」とは、社会的変化に対する生活変動過程の抵抗要因となる人間の固定化した日常行動やそれを支える生活態度を指し、それらは主として消費生活と結合したものである。今日の国民生活の消費のあり方を研究するに当たって注意すべき点は、これまで人間の慣習的行動の結果を示すものとしてたびたび取り上げられてきた「消費支出構造」の分析だけに注目するのではなく、それを支える「生活思想」や「家族構成」との関係にも十分注意しなければならないことである。この意味で、宮本常一らの民俗学的視点からの生活思想の解明や、労働力再生産と結合した家族変動論の開発は、これからの生活研究の発展に大きな意味をもつであろう。

次に、生活の多元的把握について言えば、西山が挙げた、「経済の論理」「政治の論理」「人間関係の論理」「空間の論理」の四つの他に、「生命の論理」（または「人間的自由の論理」）を加えなければならない。これは、生活研究が、エネルギー循環の立場からの休養や栄養的補給という人間的生存の維持を問題とするだけでなく、現在のわれわれの生存そのものを脅かす有害食品や環境汚染、長時間労働などの社会問題に対応する上で絶対的に必要な視点である。人間は、社会の論理に支配される単なる受動的存在ではなくて、「人間的自由」の獲得を求めて活動する主体的存在なのである。

第三に、生活の全体的把握については、生活全体の具体的内容をどのように捉えるかは、結局のところ基本的人権とは何かをどう考えるかにかかっている。この点で、筆者は岡村重夫の立場を基本的に支持する。しかし、岡村の生活の全体的把握の内容は、今日の経済・社会情勢から判断して改めて把握し直されなければならない時期に来ている。私見では、岡村の「社会生活の基本的要求」や「専門分業制度」との関係は、次のように改めるべきだと考える。

まず、「社会生活の基本的要求」は、岡村の、①経済的安定、②職業的安定、③家族関係の安定と住宅の保障、④医療と健康の保障、⑤教育の機会、⑥社会的協同の機会、⑦文化・娯楽の機会の七つの他に、新たに「生命の安全」を加え、③の「家族関係の安定と住宅の保障」を「家族関係の安定」と「住宅の保障」の二つに分割してそれぞれの重要性を強調し、全体として九つの基本的要求とする。ここに、「生命の安全」を加えたのは、先に述べた有害食品や環境汚染の問題の他に労働災害や交通事故による死傷者の増大という今日の社会的状況に対応する必要からであり、「住宅の保障」を独立させたのは、住宅の貧しさが人間的生活に及ぼす影響の重大さや、都市部を中心とする高地価による住宅取得の困難を重視したためである。そして、これらの基本的要求に対する専門分業制度としては、「生命の安全」に対しては「食品・環境・労働・交通行政」を、「住宅の保障」については

「住宅政策」の他に「国土利用計画」を加える。こうした上で、今日の「社会生活の基本的要求」と社会制度との関係がより深く追求され、今後のあるべき施策の方向を探ることが必要である。

第四に、生活の階層的把握については、生活主体と環境との間の関係を、岡村の「社会福祉学」の考え方に依拠して、これを「社会関係」として捉え、その量や質の相違に応じて「社会階層」を規定する社会学的「生活構造論」の立場によるのが妥当である。その上で、分類された社会階層の種類に応じて、階層ごとの「消費支出構造」や「家族構成」、「生活思想」などの違いを明確にすることが必要である。その際、社会階層の析出が、「生活の全体的把握」の具体的内容を構成する「社会関係」の種類を中心に行なわれることは言うまでもない。それと同時に、その規準が単なる量的なものに転化しないよう十分に注意しなければならない。

最後に、生活の主体的把握と地域社会との関係について言えば、本来が自治的伝統の希薄なわが国において、内部に複雑な階層分化を有する多様な存在である地域社会を変革主体の結合基盤として統合する上で、地域社会の形成家である「オーガナイザー」や「建築家」などの専門家の役割がきわめて大きい。とりわけ、砂山の結合にもたとえられる都市の地域集団を一つに統合することは、大きな困難を伴う作業であり、その実現に当たって、地域住民が一つの目標に向かって統合されるように、彼らが共通に直面している「生活困難」の内容を明らかにし、その解決に結集する人間の主体的構造を明確にしなければならない。これについては、社会福祉学において試みられている都市部での小学区単位での活動や、過疎地域における町おこし運動のためのワークショップの開催など、地域問題に対するより一層のアプローチが期待され、地域問題の内容としては、住宅問題と結合した環境問題や社会的企業の観点からのコミュニティの形成が重要な意味をもっている。

（1）成瀬龍夫（一九八八）、角田修一（一九八三）、松原昭（一九八五）、橋本和孝（一九八七）、吉野正治（一九八〇）ほか。

（2）西山夘三も、日本住宅の間取りや住み方が、日本における個人主義の未発達や公共精神の欠如と関係の深いことを指摘している（西山 一九四七、六五頁）。

（3）詳細については、本書第五章参照。

（4）下山・水本・早川・和田（一九七九）ほか。

（5）ウェーバー（一九九八）、ミュルダール（一九七一）ほか。

# 第二章　戦後日本の生活研究と個人主義

## ——日常的主体性の形成をめぐって——

### 一　日常生活次元の個人主義

#### †個人および個人主義の類型

近代西欧が生み出した成果の一つに、「個人」または「個人主義」の形成がある。一般に個人主義は、世俗外賢者を世俗内個人へと引き戻した後期ストア派や、超越神とのかかわりで人格の尊厳を明確にしたキリスト教の伝統のもとに、宗教改革を契機として、宗教的個人主義（超越神とつながる個人）と経済的個人主義（私益の追求の主体としての個人）がブルジョアと呼ばれる企業家層を母体として形成されたものと言われる（作田 一九九六、三五-三九頁）。しかし、その場合、個人という概念によっていかなる人間像をイメージするかは必ずしも一様ではない。

丸山眞男は、近代化が社会の成員に及ぼす影響を、近代化に対する個人の反応の仕方の面から考察し、①政治的権威に対する遠心性と求心性、②結社形成的と非結社形成的という二つの基準をもとに、近代化によって生み出された個人の類型として、①自立化した個人（I型）、②原子化した個人（A型）、③民主化した個人（D型）、④私化した個人（P型）の四つを析出している。丸山によれば、「自立化は遠心的・結社形成的、民主化は結社形成的・求心的、私化は遠心的・非結社形成的、原子化は非結社形成的で求心的」（丸山　一九六八、三七三頁）という特徴をもっている。

一方、アメリカの社会学者のR・N・ベラーは、社会と個人との関係を分析し、個人主義の類型として、①社会に根をおろし、個人と共同体が相互に支えあい強化しあう「倫理的個人主義」としての「共和主義的個人主義」（私益と公益が一致する古き良き時代の個人主義）、②個人を社会から切り離された絶対的存在として把握する「功利的個人主義」（公益から切り離された私益を追求する個人主義）、③「表現的個人主義」（消費の仕方や趣味の個人的選り好みに自己表現を求める個人主義）などの類型を挙げている（ベラー　一九九一、Ⅴ-Ⅶ、一七四-一七六頁）。

丸山やベラーに共通する点は、社会に対して自立的・主体的にかかわるI・D型の個人類型や「共和主義的個人主義」を、近代西欧社会に代表される自立と連帯の両者を兼ね備えた理想的な型として位置付けているのに対して、A・P型の個人類型や「功利的個人主義」または「表現的個人主義」をそれに続く大衆社会によって生み出された、社会から遊離した閉鎖的な個人意識として捉えていることである。かつて、わが国で流行した「柔らかい個人主義」（山崎正和）という概念は、結局のところ、A・P型の個人類型や「功利的個人主義」「表現的個人主義」と同類のものであり、I・D型の個人類型や「共和主義的個人主義」とは性格の異なるものであった。

## †日本社会と個人主義

日本では、明治から現代まで「近代」をきちんと実現したことがないと言われる。こうした見方は、日本社会は「前近代」と「近代」と「超近代」の三層が同時併存する混合的な社会であり、「近代」と「超近代」の表層の下に厚い「前近代」の基層が存在することを前提としている（富永 一九八九、二三八-二四八頁）。わが国では、明治時代になって近代的な制度や思想が西欧から輸入され、生活の中から近代をつくり出していったものではないために、近代化の過程は、国家機構の制度的な変革にとどまり、国民の精神構造を内面から変革するにいたらなかったことはよく指摘される（丸山 一九六四、一六八頁）。

日本社会は、明治以後も、自然的秩序と社会的秩序が同一視される集団実在論的傾向が優勢で、個の以前に個と個の関係や全体が優先し（三戸 一九七六、九四頁）、個人の「資質」よりも「所属」が重視される集団主義的な性格の強い社会であった。そこには、個々の集団や関係ごとに異なる「公」が存在し、下位の「公」は上位の「公」によって支配されるという公私混淆が行なわれ（有賀 一九六七、二三三頁）、集団の内部にいる者の権利は擁護されるが、集団に異を唱える者は排除されるという閉鎖的な社会、すなわち「世間」を形成していた。それゆえ、ここで生まれ育った人間は、日常的生活要求が充足されることを自然的権利とみなして社会に対して積極的に働きかける「自立化した個人」（I型）や「民主化した個人」（D型）の類型ではなく、むしろ自然権なき自然状態を肯定する欲望自然主義と親和的な関係にある「原子化した個人」（A型）または「私化した個人」（P型）の類型に属し、社会的性格の希薄な人間類型が多数を占める世界であった(1)。

丸山眞男は、精神的次元での近代化と社会的次元での近代化を区別して、制度改革としての外形的近代化ではなく、その変革を担う主体としての近代的な人間類型の形成に強い関心を寄せ、わが国における近代化のあり方を分析するために、「制度をつくる精神」「制度における精神」が制度の具体的な作用の仕方といかに内面的に結び付き、それが制度自体と制度に対する人びとの考え方をどのように規定しているかを問題としている。彼の基本的関心は、制度革命から精神革命を含めての前近代から近代への転換であり、秩序を単に外的所与として受け取る人間から、秩序に能動的に参与する人間への転換、すなわち自立的個人を形成することによって基本的人権を確立することであった。しかし、丸山が考察の主たる対象としたのは、士族・豪農などの中間層や知識人たちの制度的思想（国家機構など公的世界での社会制度に関する精神のあり方）であって、国民の日常生活を根底で規定する私的世界における精神のあり方ではなかった。(2) その結果、自立的個人の形成を目指す市民社会思想は、日常生活を離れた部分での精神の近代化を論じる結果となり、衣食住という日常的・私的世界での精神の近代化を推進するものではなかったことから、わが国の社会を根底から動かす強い力とはならなかった。

大熊信行は私的世界の独立的価値を論じた『生命再生産の理論』（一九七四年）において、「民主主義の根は人権思想にあるが、人権思想は「私」と結びついたものであり、したがってそれは家庭と結びつかなければならない」（大熊 一九七四、一八七頁）と述べている。わが国において、人権思想が国民の間で広く根付くためには、何よりも公私混淆の世界から「私」の分野が独立化し、それに対する固有の価値が認められた上で、「公」と「私」の関係が「私」の部分を中心に再構成されることが必要だったのである。

経済効率優先主義と管理主義が支配する現代社会の中で、人間は労働や生活の場面でどれだけ自律的な行動をしているだろうか。雇用を保持するための長時間労働やサービス残業（挙げ句の果ての過労死）を強いられる日本の労働者の姿や、企業に同一化した形で営まれる家庭生活のあり方は、わが国に自律的人間像や人権という概念が根付いているのかどうかを疑問に思わせる。また、高齢社会の到来によってもたらされる「寝たきり老人」の増加は、家庭生活の内部に潜むさまざまな人間関係の葛藤を浮かび上がらせる。こうした問題を批判的に取り上げることは、労働者本人や老人などの当事者のみならず、企業や家族の人間関係に少なからぬ影響をもたらす。これからの福祉社会の形成にとって重要な意味をもつのは、個人の自律性を基礎とする基本的人権であり、個人主義の成立を阻んできた日本的人間関係を見直し、社会生活の基本的要求を実現するために必要な制度的条件を整備することである。ここに、基本的人権とは、人格的自律の存在性およびそのような存在性を支えるに必要な条件にかかわる幸福追求権を指している（佐藤幸治 一九九五、三九四、四四五頁）。

## †生活研究と個人主義

そこで、本章では、戦後日本の生活研究のうちから、自律的個人主義と親和的な関係にあるI・D型の個人類型に関心を寄せてきたものをいくつか取り上げて、それらがいかなる視点から日常的生活次元での個人主義の形成を問題にしてきたかを明らかにしてみたい。

今日の集団主義的な日本社会において重要なことは、自律的個人主義を日常生活レベルで確立し、自立と連帯を兼ね備えた個人を大衆的規模で形成することである。そのためには、個人の生活を尊重する基本的人権の思想が国民の間で深く根付くことが必要である。

ここで問題となるのは、主として、次の三点である。すなわち、①個人はいかにして日常生活を支配する慣習や流行から内面的に自立した自己を形成するのか、②自立化した個人は、いかにして社会制度と内在的に結合し、かつそれに対して積極的に働きかける主体的な生活態度を形成するのか、③自立と連帯を備えた個人を形成するにはいかなる社会制度を基盤とするのかである。

本章では、これらの課題を代表的に扱うものとして、今和次郎の「生活学」、岡村重夫の「社会福祉学」、西山夘三の「住居学」を取り上げる。[3] これらは戦後日本の生活研究の基礎を形成してきたが、単純に一本の線でつながっているものではない。時系列からすれば、今和次郎の生活研究がもっとも早く、岡村重夫と西山夘三の研究がそれに続いている。また、これらの研究は、それらが扱う対象の違いから方法論的に影響しあうことも比較的少なかった。しかし、これらの学問に共通して言えるのは、日常生活における基本的人権の確立や公共的性格を有する個人の形成に対する強い関心である。以下では、右に述べた三つの課題に沿って、今和次郎の「生活学」→岡村重夫の「社会福祉学」→西山夘三の「住居学」の順に叙述を進める。これらを通じて、私的世界を対象とする個人主義形成の視点を紹介し、最後に、これらを一つに統合したものとしての「生活研究」が、福祉社会を形成する人間的主体性を確立する上で、重要な意味をもつことを示してみたい。

## 二　今和次郎の「生活学」
### ――生活手段における精神――

#### † 慣習と流行

今和次郎（一八八八－一九七三）は、衣服や住居といった家庭生活における日常的「生活手段」との関連において個人主義の形成を論じている。住宅研究者の間では、近代西欧における中流階層以上の家庭での子ども室や個室の確立が、家庭生活内部での小社会、すなわち公共の場としての「居間」を生み出し、個人主義の形成に寄与したことはよく知られている。この点に代表されるように、衣服や住居など日常的「生活手段」が人間の精神形成に及ぼす影響はきわめて大きいものがあった。

今和次郎の生活研究は、一九二〇年代から一九六〇年代にかけて行なわれ、初期の民家論に始まり、考現学、服装論、住居論と続いて、第二次大戦後に「生活学」としてまとめられた。

今和次郎によれば、日本では、生活イデオロギーが「儀礼」によって表現されることが多かった（今 一九七一d、一七三頁）。とりわけ、封建時代の日本では、行儀作法の型が住居の構えや服装の着方を規定し、服装や住居は「生活」のためというより、むしろ「身分」を示すための手段としてあり、個人的生活における「自由」の存在する余地は少なかった。たとえば、日本の住宅は、家長の統率する一つの空間として「接客」中心の形で営まれ、来客用としての座敷が家屋のもっともよい部分を占め、台所や寝室など日常生活で重要な位置を占める空間は日当たりの悪い場所に設置される傾向があった。

明治維新によって人びとの生活は旧来の身分制度の枠組から形式的に解放されたものの、国民の消費生活は昔の封建的な因習によって支配されたまま、新しく移入された西欧のエチケットもついに旧来の「慣習」を打破する力とはならなかった（今 一九七二b、三九五、三九九－四〇〇頁）。封建時代の慣習を支える「制度」としての村落共同体や身分制度は解体しても、消費生活における慣習や因習的な生活態度はほとんど変わることなく、国民の日常生活を支配していたのである。

今和次郎は、日常生活において、王朝時代の迷信、武家社会の礼儀作法、明治以後の虚栄、こうしたものに束縛されることなく本当に自由な生活を営んでいる人たちが果たしてどれだけいるだろうかという疑問を述べている（今 一九七一b、三三－三四頁）。こうした点は、今日でも、占いの流行、冠婚葬祭などの儀式時における礼儀作法へのこだわり、ブランド物の購入などに影を落としている。

　今和次郎は、衣服や住居生活における慣習の支配を吟味した結果、慣習に縛られた生活の特徴を「日常生活の軽視」に基づく「主体性の欠如」に見ている。彼によれば、慣習が支配する社会では、人びとの生活は習俗の流れのまま「思想も生活も上から与えられたまま」に営まれる無自覚な生活であり、儀礼はあらゆる科学的合理を押しのけて日常生活の上に君臨している。儀礼ごとのために支出されるエネルギーと金銭の無駄使いは、われわれの生活を歪めている。そこには、人に「見せる、見られる」という外面的意識が支配して、日常生活をより合理的なものにしようとする意志が背景に退いている。生活は「人間」のためというより、「礼」に拘束されて存在し、儀礼的生活に見られる「生活の転倒」（「手段の自己目的化傾向」）は、「生活そのものの分裂症」とも言うべき「表向きの生活と内向きの生活」という「二重生活」を国民にもたらしている。経済力と生活力の低下の結果生じる生活人としての意識と能力の喪失、肉体的にも精神的にも色褪せた生活人、精神あって肉体なく、倫理あって生活なしという状況が慣習的生活の大きな特徴である。そこには、儀礼的精神が重視したはずの「倫理」なるものは、経済の中にも、社会の中にも、生活の中にも存在しないという皮肉な結果が生じている（今 一九七一b、一三一一四、一六一、四三二－四三三頁、今 一九七一c、一〇四、一三二頁、今 一九七二b、三九五頁）。

　その一方で、近代生活に見られる「流行」には、古い因習にとらわれた「儀礼」に代わることによって人びとの生活を伝統の束縛から解放する力がある。しかし、流行には、浪費的性格があり、流行の本質は「模倣」にあるために、流行に倣った生活は他人志向中心の生活となっている。これは、慣習的生活が過去がつくったものにそのまま従う無自覚な生活であったと同様に、今和次郎が考える主体的な生活からほど遠いものであった。

　慣習も流行もわれわれが生活するためには拒否できない社会的力である。しかし、それらは、われわれに対して「浪費的生活」や「非主体的生活」を生み出すことによって、生活から創造力を奪う結果となっている。伝統的な冠婚葬祭を行なうかどうかを真剣に考えるのでなければ、われわれの生活は慣習や商業に引きずられた無自覚な生活に終わってしまう。主体的生活は、社会的力としての慣習や流行に対する不断の闘いから生まれ（今 一九七一c、四二七頁）、「生活そのものについて哲学し、科学する力」（今 一九七一b、六八頁）こそが、われわれの生活を慣習や流行の束縛から解放する力となると、今和次郎は考えたのである。

## †日常生活批判

それでは、わが国の国民が日常生活について考えることが少なく、「その日ぐらし」の哲学のもとに生きているのはいかなる理由によるのか。今和次郎は、その原因を、国民が真の意味での「生活革命」を経ていない点に求めている。明治維新をはじめとする日本の革命は、日常生活の点からは外面的形式にすぎない「政治革命」にとどまり、下への建設を顧みる「生活革命」とはならなかった（今 一九七一c、二七、四一頁）。日本では、西欧の宗教改革時代に見られたプロテスタントによる「生活批判」「風俗批判」を伴う生活革命が実現されないまま、「近代」という時代を迎えたのである（今 一九七二b、三七三頁）。わが国では、古い生活思想や人の関係はそのままにして、外国の制度や物を移入するだけの外面的近代化が行なわれ、生活の合理化に寄与する近代的個人主義に見られる「合理的日常倫理」は、国民の間に広く形成されることはなかった。

今和次郎は、古い生活思想をふるいにかける内面的変革を経由した革命こそが、真の生活革命につながると考えている。生活の内面的基準をもたず、生活における究極の目的の欠けているところに真の生活の合理化はありえない。人間は、基本的人権のような個人や集団を越えた普遍的価値や超越的存在とのつながりを得ることによって初めて、「人格の尊厳」の上に立つ合理的日常倫理としての個人主義が形成される。今和次郎が、「日常生活を通じての自己生活の倫理的研究」（今 一九七一b、一五頁）という形での「生活学」を構想したのは、自己の生活態度に関する厳しい吟味を経た上で、生活の「意味」を明確にしようとしたからである。それは、日常生活に根ざした個人主義を確立することによって、自己の生活の営みを体系的に首尾一貫したものにしようとする「自己覚醒」の試みであった。

今和次郎は、単なる生活技術ではなく、民衆レベルでの日常生活に立脚する合理的倫理を形成するために、「生活手段をつくる精神」「生活手段における精神」に着目して、自律的個人主義を広く国民の間に形成しようとした。そのために、彼は、「慣習」や「流行」の支配する消費生活を中心に「日常生活批判」を展開したのである。個人主義は、「儀礼的パターン」としての「心の習慣」の一つであり、その形成は旧来の習慣に対する根本的批判を前提としている。近代西欧人の代表としてのマックス・ウェーバーは、近代人の精神的起源を解明するために、経済倫理という言わば生活の生産的側面に着目して彼の理論を展開した。これに対して、近代化の後進国としての日本に生をうけた今和次郎は、服装や住居などの日常的生活手段に関する生活の主体的側面に関心を寄せることによって、生活の合理化を推進しようとしたのである。人間の生活様式を根底で支える慣習や流行が大きな影響を及ぼす消費生活のあり方に対する反省なくして、国民的レベルでの日常的主体性の形成は困難である。

## 三 岡村重夫の「社会福祉学」
### ——生活問題の具体的解決法——

ならない。

## †社会生活の基本的要求と生活問題

日常生活を支配する慣習や流行から内面的に解放された個人が、「社会的」主体として活動するには、日常生活に関連する社会制度と内在的に結合し、社会に対して積極的に働きかける生活者的主体性を身に付けなければならない。

岡村重夫（一九〇六－二〇〇一）は、高度経済成長以前の一九五〇年代前半から今日まで「生活者」の視点から「生活」を眺め、生活の「社会的」側面を対象とする科学を「社会福祉学」と名付けてその体系化に努めてきた。彼は社会福祉における「技術論」の代表者として高い評価をうけ、その理論は今日でも社会福祉研究の中核をなしている。

岡村は、前章で見たように、「生活」というものを、個人の「専門分業制度」に対する関係のあり方として捉え、「社会生活の基本的要求」が充足される過程で発生する「生活困難」を生活問題としている。そして、これらの専門分業制度に対してその目標・機能・運営方針を規制する「制度の制度」としての機能を果たす基本的社会構造として「社会体制」を位置付け、それを資本主義体制と民主主義体制の二つから構成されるものとしている（岡村 一九七〇、二二一－二二三頁）。岡村は、資本主義体制と民主主義体制が一つに結合した官僚制の支配する「国家独占資本主義」という制度的枠組の中で「生活」を考えているのである。

そこで問題となるのは、これらの専門分業制度が個人の基本的要求を充足するように機能しているかどうかである。岡村は、専門分業制度が人間生活に対して及ぼすマイナスの影響を社会生活の基本的要求の実現と関連させて、「制度支配」または「制度主義」の欠陥として捉えている（岡村 一九八三、八九－九〇頁）。

岡村によって第一に問題とされるのは、各専門分業制度が相互に何の連絡もなく独立的に営まれ、専門分化的視点から生活の一部分にのみ関係し、生活の「全体」に関係しないために、生活問題が個人の生活において深く絡み合い、結合している状況を明確に認識することができない点である（岡村 一九七二、六三－六四頁、岡村 一九七九b、二三頁）。

第二に、巨大資本と結合した今日の専門分業制度は、個人の願望や個性を超越した社会制度の能率原則に支配されているために、サービス処理の規格化・平均化・画一的処遇（「制度的機関の官僚化」）を余儀なくされ、身体的・精神的能力や生活条件の劣悪者や貧困者などの平均的能力以下の人間を排除する傾向をもっている（岡村 一九七〇、二五頁）。

第三に、各専門分業制度はそれぞれの専門的サービスの水準の維持向上を口実として既得権益を守り、既存の社会制度の現状維持を弁護する傾向にあるために、個人的生活は社会制度から適応を強制される単なる受動的存在と化し、人間は自己の生活に密接に関連するサービスについて何ものをも決定できない「部品的人間」（Teilmensch）となって、深い無力感や疎外感をいだき、ひいては社会制度や、地域社会、隣人などに対して無関心な態度をとりがちになっている（岡村 一九七四b、九頁、岡村 一九八八、六五頁、岡村 一九七三、一四頁）。ここには、ベヴァリッジが社会保障を円滑に運営するための基本条件と考えた「個人の創意」は存在しない（岡村 一九八三、五七頁）。

専門分業制度が供給するサービスは、供給者の側から見ればたとえ最善のサービスであったとしても、対象者の側から見れば一面的・抽象的であるために、実生活の中で実現されないことも多いのである（岡村 一九七一、二〇六頁、岡村・黒川 一九七一、五五頁）。しかし、サービス利用者たる個人の生活は本来が分割されない一つの「全体」として存在し、個別的である同時に「主体的」であるという性格をもっている（岡村 一九七三、一四頁）。それゆえ、個人は専門分業制度によって自己の行動を一方的に規定される単なる「自動人形」であることに満足できない。なぜなら、人間は最終的に巨大な制度的装置の中で自動的に調節される一個の歯車となりえない存在だからこそ、社会制度による個人の支配や分化的立場に抵抗して、自己実現を目指す主体的人間として行動するのである。

こうして、岡村は、「全体的」存在としての人間を、分化的機能を有する「制度支配」に抵抗して、制度そのものを変更する開発的機能を備えた「生活者」として位置付け（岡村・黒川 一九七一、三九頁）、生活の人間的改造を目指している。

### †生活者的主体性と社会福祉学

そこで求められるのが、個人が社会制度に働きかけて、これをつくり変えていく人間の主体的構造を解明する新しい科学である。それは、旧来の科学のように、現象を分析的・客体的に捉えて因果論的に説明するのではなく、「生活」を生活問題当事者の立場から主体的に捉え、全人格的存在としての個人がさまざまな社会制度の支配する中で現実の行為に際して行なう「決断の構造」を明らかにしなければならない。それは、言わば日常生活と直結した「制度における精神」を合理化し、生活の主体者である個人と社会制度との関係を首尾一貫的に説明することによって、社会生活の基本的要求を実現することを目指している。そのために、岡村は、個人の社会制度に対する関係を、社会制度の制度的機能によって各人の社会的「役割」が客観的に規定される側面（「社会関係の客体的側面」）と、役割の実行が個人の裁量・能力などの主体的条件によって左右される主観的側面（「社会関係の主体的側面」）の両者にわけ、後者の側面から生活問題を分析している（岡村 一九五八、一一頁、岡村 一九六八、序四、一三〇頁)。

岡村によれば、「生活者」とは科学的・客体的に捉えればニードだが、彼はこれを主体的に把握する必要を説いている。そこで提示される「社会関係の主体的側面」というのは、それ自体としてはバラバラの存在である「社会関係の客体的側面」を個人の側から統合的に把握し、自己と社会との関係を再構成する視点を指している。それは、専門分業的立場や「社会関係の客体的側面」の立場からは捉えることのできなかった専門家の独善や人間生活の部品化による「制度支配」の欠陥を明らかにする。

岡村は、「社会関係の主体的側面」から把握した生活問題を「社会福祉問題」と名付けて、「社会関係の客体的側面」から捉えた「社会問題」と区別している。すなわち、「社会関係の主体的側面」は、「生活者」をして社会制度の改善や部品化的人間観の是正に向かって立ち上がる主体的存在たらしめる拠点であり、社会関係の「主体的側面」と「客体的側面」とは、相互に前提し補完しあう緊張関係に置かれている(岡村 一九七九b、二六頁、岡村 一九七七、三八頁、岡村 一九八三、一〇四頁)。

このように、社会福祉は、個人の生活条件を個別的に認識し、社会的資源を効率的に活用して、制度を自己の基本的要求の実現に適合するように修正したり、つくり出したりするための援助の体系である。それは、「生活者」が自己の生活困難に際して発揮する個人的・主観的な処世訓に当たるものを、客観的・普遍的な方法にまで高めて、生活者の論理を精密化し、体系化することによって得られた生活問題の具体的解決法に関する技術の体系である(岡村 一九七〇、二八頁、岡村 一九七七、四〇頁、岡村 一九六八、二〇五頁、岡村 一九八三、一三七-一三八頁、岡村 一九六九、一五頁)。すなわち、社会福祉は、こうした「技術」を媒介として生活者における「目標の部分性と志の全体性」(日高 一九七三、五九頁)を一つに統合する働きをしているのである。

岡村は、制度側からの抑圧に抵抗してゆく概念としての「人権」を中心に、これからの社会福祉は組み立てられなければならないと述べている。彼は、生活主体としての個人の存在条件に関わる問題を「基本的人権」として位置付け（岡村 一九七〇、二四頁）、それを身体的・心理的・社会的・スピリチュアルな段階をも含めて把握し直すことによって、「社会関係の主体的側面」という抽象物は歴史的なものを含む具体的範疇に転化するものと見ている。すなわち、岡村の考える「基本的人権」とは、「社会関係の主体的側面」が日常生活次元において具体化された概念であり（大塚他 一九八九、三〇九、三一七頁）、個人主義的生活態度が形成される基幹部分を構成している。

こうして、岡村の社会福祉学は、私的世界における生活に関連した社会制度を中心に、これにかかわる生活態度を合理化し、生活問題当事者による生活価値を実現するために、生活における個人の社会的主体性、言い換えれば「生活者的主体性」を形成しようとしている。岡村は、個人が日常生活において直面する具体的な生活問題を解決するための方法を合理化することによって、個人の自己形成の論理を解明しようとしたのである。

## 四　西山夘三の「住居学」
### ――住宅運動と地域社会――

### †住宅運動と住民自治

今和次郎と並んで、人格形成の場としての住宅がもつ意義を重視した人物に、住居学の西山夘三（一九一一－一九九四）がいる。彼は、生活空間論の立場から、戦後一貫して「生活様式」の問題を取り上げ、今日、多くの論者によって生活様式論の先駆者として位置付けられる。彼の研究対象は住居を中心にきわめて広範囲にわたり、その業績は方法の独自性によって「西山住宅学」と呼ばれるようになった。西山の研究は、個人主義の形成と関連させてみる限り、住宅改善を通しての個人主義の確立という人格形成の問題を、社会改革の前提として位置付け、それを町づくり運動との関係で捉えている。

西山は、家生活を「一種の社会生活」、家庭は「社会での共同生活の訓練場」であるとみなして、スマイ生活での躾《しつ》けが公徳心の涵養《かんよう》に役立つものと考えている。彼は、子どもの就寝室の提供を私生活確立の第一歩として捉え、住生活の充実こそが個人主義の形成にとって重要だとしている（西山 一九四七、七二、七八頁）。その上で、西山は、豊かな生活を送る基本条件として人間の「主体的な営み」を挙げ、地域空間づくりの重要性を指摘して、「町づくり運動」の第一段階として国民諸階層の住要求を実現する「住宅運動」を提唱している。西山によれば、人間は地域社会の主人公となって初めて「真の人間」となる。地域の形成に主体的に関与しない人間は言わば「欠陥人間」、人間として全面的に発達していない人間である（西山 一九七三a、二九二、二九四頁、西山 一九七三b、三一一頁）。

西山は、個人と社会・国家をつなぐ「中間組織」（intermediate structure）の一つとして「地域」を位置付け、地域住民による自治形成を通じて社会を改革しようとしている（西山 一九六八a、三八八頁）。個人と社会との関係はいずれか一方が強くなれば、他方が弱くなるという相反的な関係にあるものではない。むしろ、社会的性格の強い個人主義が形成されるためには、個人を外側から支える強い協同体を必要とする。しかし、西山の考える「地域」は、その内部に複雑な階層分化を含む多様な存在であり、それを一本化するのは容易なことではない。そこで、それに対処する糸口として注目されたのが、個人的解決の不可能な住宅問題を国民の社会的連帯を通じて解決しようとする「住宅運動」である。それは、勤労者層を中心に良質な住宅を確保するという「住民」の具体的な生活要求を核として、「生活者」の世界としての「地域」を再構成し、国民の力の結集による住民自治を確立しようとする試みである。ここに、「住民」とは、単に目先や自己の利益だけに目を奪われて、「公」を棚上げにした公共精神の欠如した人間ではなく、人間の生命と生活を大切にし、生活改善に向かって立ち上がる社会的意識に目覚めた「個人」である。

しかし、西山が言うように、毎日の生活に追われ、ともすれば日常生活に埋没しがちな「大衆」は、生活を新たに創造する力を十分に発揮するにいたっていない。生活の確立のためには、「私生活主義」に走りがちな住民の力を超えて進行する「資本の論理」との対決も必要になる。そこで西山が依拠するのが、大衆と建築のつながりを確保する手段としての建築家の組織づくりである。建築家は、この組織を通して新しい生活様式の創造を試みる住み手たちと協力して、「生活の造形家」として、建築空間を具体的・物理的につくりだす技術と識見をもって「町づくり運動」に参加する（西山 一九五六、八二頁、西山 一九六九、四七二頁）。大衆と建築との結合を段階的に強化する以外、建築の革命はありえないというのが西山の姿勢である。しかし、西山の地域への着目は、コミュニティ論としての視点が希薄であるという点がある。とはいえ、西山の構想が、近年有力視されている「ワークショップ」による「町づくり」の先駆をなしていることは大いに評価できる（住田 二〇〇七、七八‐八一頁）。

### † 地域社会と生活研究

人間相互の連帯が企業営利だけに奉仕するものに変化して、生活主体が家族や地域社会から排除されて人間が自然と対立するようになった今日、私的世界と公的世界を媒介する役割を果たす主体的な生活者像をどこに求めるかがこれからの生活研究にとって重要な意味をもっている（下田平 一九八四、三二頁）。とりわけ、転勤や海外勤務などの「流民化」（西山 一九八八、一七頁）によって地域社会から観念的にも離脱した人間が増加する今日、国民の総合的な生活基地をいかに建設するかが大きな問題としてわれわれの前に存在している。

生活研究において地域社会が重視されるのは、地域というヨコの人間的結合が、経済的効率の支配するタテ社会の構造に対して人びとが日常生活を改革する基盤として重要だからである。地域社会は、行政が関与する公的世界と、個人の家庭生活に関する私的世界との中間にあって、両者をつなぐ「共」の部分を形成し（今野 一九九二）、そこに居住する住民は地域空間の共有者として自然と人間の共生を実現する可能性を秘めている（玉野井 一九九〇、九一頁）。

すなわち、西山の住宅運動は、さまざまな社会階層が混在する地域社会において、「客観的な共通の課題のために共同行動をとっていく、緊張ある連帯性」（笹倉 一九八八、一八五頁）を形成する試みであり、地域社会は、自立化した個人が共同行動をとるために必要な公共意識を形成する基盤とされている。ここには、かつてマックス・ウェーバーが、官僚制や伝統的支配に見られる「単層的支配」（Herrschaft）に対抗して、ヨコの人間的結合である「協同体」（Genossenschaft）を対置し、前者に対抗する基盤として「団体」（Verband）化した「協同体」である「自治団体」（Gemeinde）を位置付け、ヨコの人間的結合の変革的意義を明確にした『支配の社会学』と共通する視角が存在する。

## 五　福祉社会の形成と生活研究

### † 市民社会と生活者

高度経済成長以後の大衆消費社会の中で、国民意識の中心が私生活に移り、一時は会社中心主義から離れた新しい個の自立が実現するかに見えた。しかし、人びとの意識は、自立化した個人の形成には向かわず、他者を自己の単なる競争者とみなして私的利益の追求に専念する「消費者的主体性」の形成に向かった（下田平 一九八四）。その結果生じたのは、個性喪失と政治的無関心を特徴とする欲望自然主義または私生活主義と言われる「社会」的関心を欠いた利己的な欲望エゴイズムの解放である。そこに見られるのは、「公」を喪失した「没社会的自己中心主義」（笹倉 一九八八、五一、五八頁）であり、その一面としての企業依存傾向の強まりである。

自立的個人の形成を目指す市民社会思想がわが国で後退することになった一つの原因は、こうした「消費者的主体性」をもたらした「豊かな社会」と関連している。すなわち、日本が経済大国化し、かつて前近代的要素（「滅私奉公」の精神など）を含むものとして批判された日本的経営のあり方が世界でも評価され、日本でも西欧と同じ「近代」が実現されたものとみなされたのである。しかし、そこで誕生したのは、生産優位の経済効率優先主義を原理とする「産業化」であって、社会構成員の近代的な人間類型への転化ではなかった。

近代の社会科学が前提とする自立的人間像や市民社会は、近代西欧社会の現実から抽出された概念である。自立的結社を拠点として基本的人権を支える自立的個人を形成するという従来の市民社会論に見られた固有の課題は、無定形な大衆社会状況に対して意義を申し立てるという現代的意義をもっている（笹倉 一九八八、三二〇頁）。企業中心主義が支配して、個人が集団の中に埋没し、過労死や住宅・環境問題などの解決が生活の最重要課題となっている今日、基本的人権を拠点として日常生活のあり方を見直すという立場は社会研究としての意義を失っていない。基本的人権は、合法性（Legalität）と正当性（Legitimität）の接点に立って法外的なもの（あるいは法以前的なもの）と法的な世界をつなぐ制度化された抵抗権としての意義をもち（石田雄 一九六八、六頁）、公共的

「個」としての「生活者的主体性」の存在根拠を形成している。このような立場からすれば、従来の市民社会思想における欠陥は、むしろ利己的排他的なエゴイストという性格をもつ現実の生活主体が、他者との共生の倫理である「責任倫理」を有する自立的人間像へ転化する過程を問題とせずに、自立的個人の理念的意義のみを強調してきた点にあると言える(4)。

日常生活は、集団的、類型的に繰り返されるものとして一つの「構造」(structure) をなし、あらゆる社会研究の基礎を形成している。繰り返された生活が繰り返されなくなり、新しい繰り返しに変わるところに生活の歴史が生まれる(中井 一九七九、二六頁)。しかし、衣食住という私的生活部面での生活態度は、感覚的で伝統が根強く、変化しにくい側面をもっている。それゆえ、個人主義や基本的人権のような人間関係の基本にかかわる態度や思想が、国民の間で広く定着するには、国民生活それ自体のあり方が深く反省され、日常生活に根ざした個人主義者としての「生活者」(あるいは「生活者的主体性」) が形成される過程が明らかにされる必要がある。

### † 自治と支配

人間は、基本的人権のような集団や歴史を超えた普遍的価値との関係を得て初めて、私的生活に埋没しない公共的な立場から社会関係を形成してゆく協同性を自らの内に醸成する。今日の生活研究に対して第一に求められるのは、市民社会を構成する公共的性格を有する個人とはいかなる人間であるかを日常生活次元で改めて問い直すことである(杉山 一九八三、七六頁)。

生活研究と他の社会研究を区別する重要な特徴は、生活研究が政治体制による社会構造の違いとは別に、社会の共通基盤として「生活」を位置付け、「基本的人権」の立場から生活の安全や平等を実現する社会改革を目指している点である。生活研究の基本的枠組は「支配」対「自治」の対抗図式にあり、「支配」に対する「自治」の領域を拡大することに生活研究の目的がある。

個人主義の対極に位置するのは「支配」であり、生活研究の目標は、大衆と市民との間の連続性を生み出すために、生活と職業とが区分された日常生活次元での自律的個人主義を確立し、自立と連帯を兼ね備えた個人を形成する点にある。これからの生活研究に対して求められるのは、基本的人権を確立するために、制度レベルでは容易に現われにくい民衆の意識の日常態、日常的生活様式（あるいは「日常的主体性」）が個人主義的な「生活の型」として定着する過程を明確にすることであると言えよう。その意味で、本章で述べた、今和次郎の「生活学」や岡村重夫の「社会福祉学」、西山夘三の「住居学」が果たした役割は大きい。

（1）近代西欧では、自立的・民主的な個人類型の形成は、科学や芸術などのさまざまな文化的価値が政治的支配を排除して自立性を獲得する中で公的世界と私的世界が分離され、私的世界が確立される過程と並行して行なわれた。そこでは、個人と社会との関係は相互依存的な形で発展し、新しい思想や制度的原理を人間に内在化させるに当たって力のあったのが、宗教や文化など政治以外の価値を基準とする自立的結社であった。そして、このような制度が人間を自立化させ、また人間が制度を合理的なものにする上で大きな役割を果たしたものと言われる。社会的な性格の強い個人主義が形成されるためには、個人が内面的に自立するだけでなく、自立化した個人を外側から支える強い協同体の存在が必要だったのである。

一般に、個人主義というと、われわれは孤立的な個人を想像しがちである。しかし、近代西欧社会では、個人は単にバラバラに存在したのではなく、教団やクラブなどの自立的結社との関係をもちながら存在したのであり、西欧の個人主義は、自立と連帯の両者を兼ね備えたものであった。すなわち、自立的小集団は、①個人の国家や協同体からの独立を助けるだけでなく、②自立的個人の社会的育成（連帯および公共の涵養）に寄与することによって（笹倉 一九八八、三〇六、三一五－三一六頁）、基本的人権の基盤を形成していた。

（2） ただし、丸山は、後期の著作においては、人間は習慣によって考え方が基本的に規定されるものであることを認めた上で、習慣を変えてゆくことが重要な課題であることを述べている（丸山 一九八六、一二八、一三六頁）。また、中期の著作においても、自由民権運動の欠陥を、それが「私的領域における自律――社会的底辺における近代的人間関係の確立」（丸山 一九六一、四二頁）よりも、参政権の獲得に熱中した点に求めている。

しかし、彼は、一方では、歴史意識の古層を、「作為」に代表される近代的精神とは逆の作用を有する「つぎつぎになりゆくいきほひ」に求めている。これは、解釈によっては、丸山が、わが国における近代的精神が成立する可能性を原理的に否定したようにも受け取れる。だが、逆に、それは近代化が対峙すべき変革対象を明確にしたものとして解釈することも可能である。

（3） 今和次郎、岡村重夫、西山夘三に関する詳細については、柴田周二『生活研究序説』（ナカニシヤ出版、一九九五年）参照。

（4） 近代西欧の人間中心主義がもたらした環境問題に対処するために、日本社会で優勢な汎神論やアニミズム信仰が自然と人間の「共生」を考える上で有意味だとして再評価する立場がある。これは、「ヨーロッパ近代を理想化し、ありもしない近代の理念に立って日本の現実を必要以上に厳しく裁いた」（松本礼二 一九九七、二八頁）「近代主義」に対する批判の裏返しとして登場したものである。しかし、それは日本社会における基本的人権や個人主義の未確立が生み出すさまざまな弊害を省みない一面的な見解である。

# 第三章　生活支援学としての「家政学」の基本的視点

## 一　実践的総合科学としての家政学

### † 家政学の定義

日本家政学会は、一九七〇年と一九八四年の二回にわたって家政学の定義を発表している。とりわけ、一九八四年の定義はよく使用され、「家政学は、家庭生活を中心とした人間生活における人と環境との相互作用について、人的・物的両面から、自然・社会・人文の諸科学を基盤として研究し、生活の向上とともに人類の福祉に貢献する実践的総合科学である」と規定されている。

一九七〇年と一九八四年の二つの定義を比較検討した富田守によれば、家政学の研究対象は「家庭生活」から「人間生活」へ重点が移り、研究の目的も「家庭生活の向上」「幸福」から「生活の向上」「人類の福祉」へと変化し、この傾向は一九九〇年代においても続いている（冨田 二〇〇一、二三-二四頁）。しかし、家政学は、「人的・物的両面から、自然・社会・人文の諸科学を基盤として研究」する「実践的総合科学」である点で変わらない。

言うまでもなく、学問の固有性は、その研究対象、目的および研究方法によって規定される。研究対象や目的の変化に伴い、家政学の研究領域は、研究協力や研究開発努力により拡大したが、実践的総合科学であるという家政学の特徴は、自然科学的合理と社会科学的合理の統合を必要とするなどの問題を含み、そのことが家政学という学問の性格を複雑にしている側面がある。

ここでは、「家政学」の使命を、近年の高度に発達した経済社会システム下における、生活者に対する「生活支援」という観点から検討することにより、時代のニーズにそった家政学の研究領域を拡大発展させることによって、家政学の実践的総合科学としての特徴を明らかにする。

家政学分野での生活支援に関連する先行研究としては、「家族の機能を「補助」するというより「支援」するための家政学……」という捉え方や、「個人が家族機能を遂行する能力を強化すること」といった、家族機能や、個人の使命に着目した見解がある（日本家政学会家政学原論部会若手研究者による『家政学原論』を読む会 二〇〇六、一一三頁）。また、『生活支援学の構想――その理論と実践の統合を目指して』を著した黒澤貞夫は、介護福祉士養成課程の生活支援を中心に研究している。そして、大竹美登利は、フォーラム「家政学の更なる社会貢献に向けて――家政学将来構想特別委員会報告」の中で、新たな分野としての福祉領域との連携で生活支援を論じている（大竹 二〇〇八、七四〇-七四一頁）。そこで、これらの研究の上に立って、生活支援を、家政学における理論と実践を媒介する価値概念として位置付け、実践的総合科学としての家政学の方法について再考する。

## † 家政学と生活学

アメリカ家政学会は、一九九四年に学会名称を American Home Economics Association から American Association of Family and Consumer Sciences に変更し、ホーム・エコノミクスを、「家族・消費者科学」と改名して、衣・食・住等の学問を人間発達の背景である家族に焦点を据えながら、統合した学問として再構築することを目指している。その時の基軸となった考え方は、家族あるいは家庭は、個人が養育され、責任感ある家族員、そして市民へと成長していくために必要な思考と行動のシステムが教え込まれる場であり、家族は「諸部分の合計には還元できない全体的システム」として、人間を個々の独立した存在ではなく、相互依存的な存在として捉えようとしたことである。したがって、家族・消費者科学は、家政・生活経営（Household Administration）の視点から、家族に関連する協同という価値を前提として、家族を中心とする近接環境の中にある人間の問題を、健康・安全という生活の価値を守る予防的な立場から、トータルに把握することを目指している。そこには、かつてリチャーズが述べた「家庭の中でなされるすべてのことは家族のためであり、個人のためではない。各人はある程度、自分自身の願望を他の人のために良いことに従属させなければならない。文明の単位は家族であり、個人ではない」という思想が横たわっている（日本家政学会家政学原論部会 二〇〇二、四〇、四三、五五、六六、七〇、八五、八六、九四、二〇一頁）。

家族・個人の生活を対象とした生活研究を「家政学」として、地域社会、人間社会なども含む、もっと広い生活を対象としたものを「生活学」とすると、生活は、人間と人間の相互作用、人間と社会との相互作用、人間とモノとの相互作用、人間とモノとモノ（たとえば洗剤と衣料）の相互作用等が、ココロとの相互作用を含めて時間の経過の中で営まれている行為である。したがって、家政学は、家政・生活経営の視点から、家族という人間関係を中心にして、人と人、人と社会、人とモノ、人とモノとモノなどの相互作用を、ココロとの相互作用を含めて研究し、生活に関する「知識の諸断片を、一貫した一つの全体へと結びつけ束ねてゆく」(レイクプラシッド会議)役割を果たしている。

その場合、生活は、時代や社会の文化状況やライフスタイル、家族や地域社会のありようを反映する一つの「小宇宙」として、生活の中の小さな変化が、生態系全体にも変化を与えるものとして捉えられている。言い換えれば、生活は、単なる小状況にとどまるものではなく、大状況の一環として考えられているのである。

## † 家政学の価値前提

それでは、家政学が実践的総合科学であるという場合、それはどのような特徴をもつ学問として捉えられるのであろうか。「実践的」と「総合的」という二つの面から考えてみよう。これを考える点で参考となるのが、理論科学としての医学と臨床医学としての医療との関係を考察した試みである。

『医療は「生活」に出会えるか』(一九九五年)の著者である竹内孝仁は、臨床医学の立場から生活と医学との関係について、「個々のケアと治療は患者の生活全体の向上と結びついて初めてその真価を発揮する」と述べている。近代医学は、病歴の詳細な検討から共通の症候をもつものを一つひとつ取り出して、個々の疾病概念を作り出すことによって、言わば患者から「生活を奪う」結果になった。しかし、臓器の治療は、人間としての生活総体の回復に結びついて初めて価値を有するものであり、治療の先に常に「生活」を見据えておくことが、医療の原点なのである。竹内によれば、医療の基本的役割は、単なる疾病の治療ではなく、生物学的医学の発達によって遠ざけられた病人と生活のトータルな人間へのまなざしを、生活に近付け、生活者から生活力を引き出していくことにある（竹内 一九九五、五四‐五五、九九‐一〇〇、一五五、一六二頁）。
同様のことが家政学についても言える。家政学の個別科学分野である栄養学や住居学なども、生活を抽象化、中立化し、個性や個別性をなくすことによって「科学」として成立した。しかし、現在の家政学の課題としては、これまでの個別科学的な研究成果を活用して、いかにして生活問題の解決に結び付けるかが重要である。その場合に留意すべきことは、おそらく医療の場合と同様に、「生活者」の立場から生活問題を眺め、当事者の立場に立つことによって、生物学的な「ヒト」ではなく「人」を対象とする人間学としての家政学の構築を目指すことである。

家政学が実践的総合科学となるために最初に求められるのは、個人という生活問題当事者の立場から生活を捉えることである。個人にとって、生活問題は生きるために解決を迫られる課題であり、生活問題は個人の立場から見れば一つの全体として総合的に絡まりあっている。

それでは、家政学において、当事者の立場に立つことを可能にするものは何か。その端緒となるのが、「生活者としての共感」である。生活問題の研究者は、当事者本人にはなれないにしても、当事者の悲しみや苦しみを共有することはできる。人間は、困難な立場にある相手の姿に「自分を重ね合わせる」ことによって、相手の「つらさや哀しさ」を感じることはできる。そして、こうした共感がより多くの人に意識化・共有化されることによって、人びとの生活や社会は緩やかに変化し始めるのである（竹内 一九九五、五八、一一一、一五三‐一五四頁）。

『生活支援学の構想――その理論と実践の統合を目指して』（二〇〇六年）を著した黒澤貞夫は、生活支援の出発点は、一人の人間の全体の姿を理解することであり、人間の潜在的可能性に対する信頼があって生活支援の基盤が形成されることを述べている。すなわち、生活支援者が相手方を理解するということは、自己を理解するということであり、生活支援者は、生活課題を共有化することによって、当事者の立場に立ちうるという解釈である。生活支援という全人的な視点から生活を眺めることは、「一回限りの自己の人生を豊かに生きる」道を対象者と共に模索する作業であり、生活支援の目的とは、その人しか歩めない道をつくること、すなわち「その人らしい生き方を見出していくこと」である。言い換えれば、幸福の実現とは、「その人自身の創りだした価値の転換」であり、それを行なう「生活支援」は、当事者に独自の価値をつくり出すという意味において「アート」(芸術)なのである(黒澤 二〇〇六、五四、九七、一三〇、一四七頁)。このように、黒澤は、生活支援の根底に、「共感」を置いている。

黒澤の生活支援学の視点は、実践的総合科学としての家政学のあり方を考察する上で大いに参考になる。泊イクヨは、「家事援助は、利用者の衣・食・住という具体的な生活の基盤を支え、創造するだけでなく、コミュニケーションと信頼関係をつくり、そして何よりも生きる意欲、生きがいという生活の根っこを引き出していくのに欠くことのできない援助技術」であると述べている(泊 二〇〇一、九頁)。家政学が家政・生活経営的視点からの生活研究であるとすれば、家政学の理論と生活の実践を結びつける媒介項に「生活支援」という価値を置くことによって、当事者視点からの生活研究である家政学の「実践性」と「総合性」はより明確になる。すなわち、家政学における理論と実践をつなげるものは、家事労働というそれ自体はきわめて個別的な行為が、対象者の生活基盤を支え、創造するだけでなく、対象者の生きる意欲、生きがい、その人らしい生き方を見つける価値創造につながるという生活支援本来の基本目標を研究者自身が明確に認識することである。その場合、家政学における「総合性」とは、生活様式(生き方)の選択という本来の目的にたえず立ち戻って対象を研究することを意味する(西山 一九六九、五四七頁)。

実践的総合科学としての家政学は、「生活支援」を価値前提として、個人である当事者の立場から生活に接近し、生活問題の解決に寄与することにもっとも重要な役割がある。家政学は、生活支援を目的に、共感を基礎とする当事者学として再構成されることによって、その総合性と実践性、すなわち「実践的総合科学」の性格は明確になる。

それでは、生活支援の視点から家庭を中心する近接環境にアプローチする際の留意点は何か。

## 二　生活支援のための家政学

### †ホリスティック・アプローチ

天野正子によれば、生活というのは、「自然－生産－流通－分配－消費－リサイクル－廃棄－自然という全過程を生態系との関係を考慮して行われる活動」であり（天野　一九九六、一七〇頁）、生命にもっとも近い衣食住の分野を中心として行なわれる「生命の全体性の営み」である（暉峻　二〇〇三、一二一頁）。したがって、衣食住の分野を対象とする家政学に今日において求められるのは、人とモノとの関係性の中で生活をトータルに捉え、生活問題の発生の背景に着目しながら、本人と家族の生活力を形成し、生きる意欲を引き出すように生活を支援することである（朝倉　二〇〇二、二三二－二三三頁）。

今日の人間や学問の問題点は、トータルなものへの視点を失ったことである。その場合、トータルな見方というのは、生活する人間を一つのまとまりをもって統一的に生きようとする存在として捉えることであり、人間の基本的ニーズに着目して、人間が生きることに直結した根底にあるもの＝本質的要因を見ることである（竹内　一九

九五、iv、五六頁）。

家政学は、家庭生活における人とモノとの関係、人が日常的に使用する生活手段との関係に着目し、「生活手段における精神」「生活手段を使用する精神」のあり方を考えることによって、生活改善の可能性を追求する。その場合、衣食住の生活手段などの生活の外側の条件と家族関係や生活態度などの内側の条件との連関が問題となる（一番ケ瀬　一九九八、二一〇頁）。今和次郎は、このことを、家政学は、物的生活にかかわる自然科学的合理を求めようとする追求（「外科学的関心」）と生活態度にかかわる社会科学的合理とでも言えるものを追求しようという方向（「内科学的関心」）」との絡みにおいて捉え、この二つは切り離しがたいものとして位置付けている（今一九七一c、二〇三頁）。

家政学におけるホリスティック・アプローチとは、ある意味で、モノに関する自然科学的合理の追求と人間関係や生活態度に関する社会科学的合理の追求を統合し、現実を価値づける新たな知識の枠組みを探求することを前提とする。たとえば、社会認識については、「個人や家族の生活領域」、すなわち私的領域の視点を「公の領域」にも反映させることによって、今まで気付かれなかった視点からものを見ようとする試みであり、家政学における「全体性」とは、当事者の立場からの統一的な生活認識として、従来の生活に関するものの見方の転換を含んでいる。

## † 実学としての家政学

これまでの家政学が価値前提とする生活支援、すなわち「ヘルプ」は、自助を前提としている。したがって、家政学が生活支援という機能を発揮するためには、生活問題を解決しようとする主体が存在しなければならない。

また、問題解決の過程は、生活者自身が、従来から「当たり前」と考えてきた事柄や価値観を見直すことによって、自分で意識しなかった自分に気付く自己再認識の過程でもあり、主体の変容を促す側面をもっている（佐藤俊一 二〇〇四、二〇、五四、五九、九〇頁）。ここに、主体的生活とは、選択権に基づくＱＯＬのより高い生活であり、家政学は、「その人らしい生活」づくりに手を貸す役割を果たすことを意味している。

それでは、家政学における理論と実践はいかなる関係にあるのか。黒澤貞夫は理論と実践の関係について次のように述べている。

生活支援学が普遍的かつ客観的に理論と実践指標を探求するのであれば、その源流はどこからか。それは生活における日常の経験からである。経験するのは現実の世界である。その経験はその人の生活の過去から現在そして未来の連鎖のなかで、今の人生をどう感じ取り、どのように志向しているかの原点である。それは直観の世界であり主観性を持つのである。そして、そのことは、その人固有の経験ではあるが、他の人々にとって経験可能な世界であり、それぞれの主観を共有できる生活世界のできごとである。

つまり、「主観の共有化から普遍的な客観性を持つ理論構成をはかるのである。……これらの理論は絶対的普遍の真理の意味ではない。このことから導かれる理論は、客観的妥当性の範囲である」（黒澤 二〇〇六、二一－二二頁）。これは、マックス・ウェーバーの理念型にヒントを得たものであり、理論は、あくまでも、理念型としての客観的妥当性を有するものとして捉えられ、個別的現象を理解するための索出的手段という意味をもっている。それは、理論というものの価値をプラグマティックに捉えるものであり。理論の試金石は、生活現場で問題解決を行なう上で役に立つか否かにある。これと同様のことが家政学についても言える。

## † 生活関係の認識と未来の再構築

生活認識に当たって、次に留意すべき点は、生活が営まれている時間と場所に対する着目である。人間は、その年齢によって家庭で過ごす時間や過ごし方が異なる（児童、青年、壮年、老年）。また、家政学は、人間の直接的物的環境と社会的存在としての人間との「関係」に関する学問でもある。こうした中で、生活時間は、「他人との（生活）時間の共有」として取り上げられる必要がある。たとえば、食事の場合を例にとれば、食事は同じ場所と時間の共有である。したがって、食生活への工夫はカロリー計算や栄養学への配慮の必要だけではない。だれとどのような食卓を囲んで食事をするのかを含め、人間関係や、季節食や行事食、食事空間や食器への配慮など、食生活全般のＱＯＬを工夫し、生活の満足度を増進することにつながる（竹内 一九九八、一三、一六、三三、一四九頁）。グループホームやユニットケアが利用者にとって好ましいのは、衣食住の生活への家庭的な配慮がしやすい点にある。ＡＤＬにおける「場」と「時間」への重視こそ、他との共存や、そこから生まれる人間関係という生活の現実をつくり出している重要な事実認識への第一歩となる。

さらに留意すべき点は、生活史への注目である。人間は、いままでの生活歴や生活経験をまったく飛び越えた生活をすることはできない。ある意味で、生活行動史とはパーソナリティーそのものであり、生活史の理解は、その人がそれ以外にはならない、その人間を理解することにつながる（竹内 一九九五、一一二、一一五頁）。

エンゲルは、「福祉というのは日常生活要求の充足努力である」と定義している。われわれの存在の確かさは、過去から続く現在のように、未来もまた本質的に変わることのないという予測の上に立っている。昨日も今日もそして明日もまた変わることがないとの予測は、われわれに「安心感」をもたらすともに、自分固有の生活が侵されることもなく続いていくという「アイデンティティ」の強力な拠り所となる。よりよい状態にいて、未来もその状態が継続するであろうという確信に満ちていることこそが、生きている人にＱＯＬを保障する（竹内 一九九五、一六六－一六七、一七〇頁）。

アマルティア・センに「人間の安全保障」（「ヒューマンセキュリティ」）という考えがある。未来に対する不安がなくなり、当たり前のことができることの喜び、ヘルパーが来るのを楽しみにしていることなど、「未来に対する保障」が生活力の根源となる。

家政学は、家庭生活の本質的課題への追求を行なう一方で、個別領域科学の分野から家庭生活事象を客観的に把握し生活を改善することに努めてきた。しかし、両者の関係は必ずしも適切なつながりによって結合されてきたとは言えない。以上の考察から言えることは、これからの家政学は、「生活支援」を理論と実践を結合する中間的価値として、生活守護の立場から、家族および個人という生活問題当事者の立場に立って、生活の中に可能性を見出す「当事者学」となることが重要である。そして、最終的に、個別科学のあり方にパラダイム転換を迫り、生活の福利を目的として、「階層性と地域性を媒介に、各人の在り方、つまり事例研究にまで深められる」（一番ヶ瀬 二〇〇六、一頁）ことが必要であろう。

# 第二部　日本の生活文化と福祉社会

# 第四章　宮本常一の民俗学（一）

――慣習と社会――

## 一　宮本民俗学の課題と方法

### †社会福祉と民俗学

民俗学者の宮本常一がクロポトキンの『相互扶助論』（一九〇二年）の影響を受けていたことはよく知られている。宮本は、あらゆる生物が「群れをなして生きるということは、それ自体が相互扶助を本能的に必要としている」というクロポトキンの思想に拠りながら、わが国における民衆の相互扶助的な生活伝承の収集に努めた（宮本 一九八六a、二〇頁）。その結果、相互扶助論は「宮本民俗学の土台や骨格」を形成していると言われる(1)（さなだ二〇〇二、一九六頁）。しかし、それが具体的にどのようなもので、またどのような形でこれからの社会に活かそうと考えていたかを示したものは少ない。

言うまでもなく、相互扶助は、社会福祉学の中核概念の一つである。日本社会の中で相互扶助をめぐる人間関係がどのような形で存在したかを明らかにすることは、これからの福祉社会を形成する上で重要な意味をもっている。

社会福祉学の岡村重夫は、相互扶助について次のように述べている。

相互扶助の成立する地域的範囲ないし同類意識の範囲の制限によって、広範囲にわたる生活困難に対する普遍的援助の原理ではありえない。けれども大規模の近代的社会福祉が、全国民に対する普遍的サービスを必要とする半面において、なお地域社会における個別化的援助の要求に対応するコミュニティ・ケア・サービスを含まなくてはならないならば、地域住民相互の連帯や自発的な共同、すなわちなんらかの相互扶助の存在を必要とするであろう。それは中世社会やかつての農村社会にみられた相互扶助ではないかもしれないが、近代化された相互扶助を成立原理とする新しいコミュニティがなくてはならない。ここに相互扶助を単なる過去の夢として葬りさることのできない現代的意味があるといわねばならないであろう。(岡村 一九八三、一二頁)

そして、「新隠居論」という論考の中で、現代における老人処遇論としての新しい隠居論を展開するに当たって、穂積陳重の『隠居論』(一八九一年)を取り上げ、「われわれは老人福祉の法制を語るまえに、老人福祉の習俗を知らねばならず、さらにこの習俗を発展させるための道徳教育について考慮をめぐらせねばならない」と述べ、老人福祉法制論に先立つ「老人福祉の民俗学」の必要性を指摘している(岡村 一九七九a、一五七頁)。ここには、日本人の相互扶助に関する慣習やものの見方、行動様式などを解明する「福祉民俗学」の重要性が示されている。

そこで、本章と次章では、まず、宮本の民俗学を、相互扶助をめぐる慣習と人格形成の学として位置付けて、主として彼の言葉に拠りながら、宮本民俗学の全体像を示すことによって、宮本が、どのような方法でそれを問題としようとしたのかを明らかにし、「福祉民俗学」と言うべきものの形成に役立つことを目指している。

## † 宮本常一の視点

宮本にとって、民俗学とは、何よりもまず、「体験の学問であり、実践の学問」であった（宮本 一九九三b、三頁）。彼は、日本国民の生き方や働き方の研究を通して、「民族の心の故里」やものの考え方、生活信条を明らかにしようとした（宮本 一九九二、一九五頁）。宮本によれば、これまでの民俗学は、「民俗の起源・意味の追求」を主としたのに対して、これからの民俗学は、「民俗を保持した社会や人間の解明、一つの民俗に差異の生じて来る原因、理由の追求、さらにどのような変化をとげつつも、なおもとの姿をとどめているものが何であり何故であるか。それをできるだけ物に即して見ていく」ものであった（宮本 一九六七b、二八二―二八三頁）。それは、「民俗誌」というより、「生活誌」とでも言うべきものであり、宮本がとくに関心をもったのは、「藩政時代から明治、大正へかけて、人びとの人格的な形成がどのようになされてきたか」を知ることであった（宮本 一九七一、一八二頁）。そして、彼は、「日常生活のありふれたものを見ていくことによって、また日本人に共通した根底的な文化に触れることによって、横への広がりを持ったものとしてとらえ」、「生活文化」の基礎構造を解明しようとしたのである（宮本 一九七九、六二頁、宮本 一九七二b、六四頁）。その場合に重要なことは、宮本が、民衆の生活に内在した生活者の視点で対象を把握しようとした点である。ここに、生活者の視点とは、言わば郷土人の立場から、当事者の視点と感覚をもって内部から物を眺めることを意味する。(2) 宮本が目指したものは、家や村に役立つ学問、経世済民の学、実学としての民俗学であり（さなだ 二〇〇二、一三一頁）、彼が物事を判断する規準は、「良いか、悪いか、ではなくて何かがちょっとでも良くなるかどうか」であった（葉山 一九八一、二五五頁）。

その場合に宮本がとった方法が、制度と慣習を区別して、民衆の実際の行動を規定する慣習の面から民衆の生活実態に迫ることである。たとえば、宗教が生活のどの部分をどの程度に影響しうるかによって既成宗教の位相も変わってくる。宮本は、既成宗教と新興宗教の関係を取り上げながら、民衆の生活実態に触れている（宮本 一九九二、一八三頁）。一つの村に祈祷師や巫女がいなくなっても、その周辺にそれを必要とする人びとが生きておれば、教派神道や新興宗教を信じようとする条件がその周辺に存在する。もろもろの社会不安に伴って起こる精神病理的なものや社会病理を今日なお処理できないのは、そこに生活の不安定があり、政治的・社会的に解決されていないからであり、民間の新興宗教を生む基盤が自立生活意識の低い層に生きているからである（宮本 一九七三b、一三二頁）。つまり、職業神主では対応できぬ家々の不幸に関与するところに祈祷師や巫女が民衆の生活に入り込む余地が存在し（宮本 一九七六a、二三六頁）、「そこに住む人たちの本当の姿を物語るのは話の筋――つまり事柄そのものではなくて事柄を包んでいる情感」なのであって、われわれが意思決定をする際の決め手となるものは必ずしも意識的なものではない（宮本 一九九三b、一〇九頁）。

宮本によれば、民間の口頭伝承は文書資料と違って自分たちの生活に必要のないものは、次々に忘れ去られてゆく（宮本 一九七一、二二二頁）。これを記憶することは容易ではないから、人びとは生活に関係のないことはできるだけ覚えようとしなかった。すなわち、言葉によって伝承されているものは、それがたとえ今日きわめて無意味に思われているものでも古くは人びとの生活を支配し、規定していたものであるから、それを研究することは、日本人の生活を解明する上で大きな意味をもっている（宮本 一九七三a、七七‐七八頁）。とりわけ、われわれの意識しない、無意識の意識というようなものはわれわれの行為を左右する大きな力をもち、人びとの精神生活の基本的なものを形成することが多い（宮本 一九七三a、一九四頁）。住宅や産業など生活の外形的なものが民衆の生活のあり方に影響を与えた場合も多いのである。[3] こうして、宮本における日本文化の理解は、現地における住民の生活を追体験する当事者の視点に立って行なわれるものであった（宮本 一九七九、一頁）。

ここには、民衆の生活伝承を分析することで生活を理解することの意味、および日本人の行動を根底で規定している慣習を解明することによって、制度と慣習の乖離（二重倫理）を埋め、慣習によって規定された生活信条を含めて「制度における精神」（丸山眞男）の具体的なあり方を検討することの必要性が指摘されている。

それでは、宮本が捉えた日本の民衆生活はいかなるものであったのだろうか。

## 二　日本社会の変化
――村落と都市――

### †村落の変化

宮本は、日本の村を、同族以外の者を抱えながら、年中行事や祭りなどを一つに運営し、「生活と生産の共同体」の機能を果たすものとして捉えている（宮本 一九八六a、一八四頁）。宮本によれば、村全体が歩調をあわせて生きてきたのは、それが漁業や農業を主とした同業者集団だからであった。しかし、職業の多様化によって同業者以外の者が村に住んだり、出稼ぎのために村を出て行く者があるようになってから年中行事は急速に崩壊し、村は単なる地域集団に変化した（宮本 一九八四b、一五四－一五五、一六九頁）。かつては世間を見るための手段でもあった出稼ぎは（宮本 一九七二b、一七七頁）、子どもの学費を稼ぐためなどの賃労働となって村の協同労働が衰退し、行事に参加できず、村で決めた日に休まないなど、晴れの日に村人の歩調がそろわないことが生じるようになった。それによって一つの習俗が村から消え、村の結束や秩序が乱れ、村の権威が失われるようになった（宮本 一九八四b、一六九頁、宮本 一九八六a、一九二頁、宮本 一九九二、一九二頁）。

宮本によれば、封建時代の村では、生産力が低いこともあって、家の建て替えや屋根の葺き替え、田植え、葬式など、生活の重要なことはすべて相互扶助によって行なわれた。しかし、商品経済の浸透によって、現金取引中心の世の中となり、金さえあれば人を雇用することができ、村の人を頼まなくてもよいようになった。その結果、他の家へ手伝いに行くこともなくなり、村のみんなが仲良くするための贈り物や、客を招きあったりすることも無駄なことに思われるようになって、生活上の助け合いは少なくなった。しかし、その反面、農業組合に代表されるように、物を売ったり買ったりするための助け合い、すなわち「産業上の利益を中心とした助け合い」は強くなった（宮本 一九六八b、一七一－一七二頁）。

かつては金で買えないよさをもつ村をつくることが老人たちの夢であった。しかし今では「金で買えないよさ」すなわち「封建的」とみなされるようになり、従来の理想や基準が崩れて、村人の自信が失われるようになった。(4) これまでは、人びとは村がよくなればそれぞれの家の生活もよくなると考えていた。それが、自分の家のことだけを思うようになり、村の結束や連帯が薄れ、自分の家は自分の力で守る以外道がないと考えるようになったのである。「金で買えないよさ」とか「安定した生活」というのは、村、組、部落などの人びとが安心して暮らせる場が存在し、家を中心にして同族、親類とかいうものが周囲を取り巻いていることによって初めて得られ、そういうものがあってこそ、自分の家のことだけを考えるのではなく、村がよくなれば村の一軒一軒の生活もよくなると考えるようになったものであろう（宮本 一九七二b、一七五−一七八頁）。

さなだゆきたかは、「忘れられた」共同体の機能で根本をなすものは、「村の共同生活」の「感情的紐帯である」敬神崇祖の念であると規定している（さなだ 二〇〇二、二七二頁）。宮本は、村人の生活に秩序を与えているものを、「村の中の、また家の中の人と人との結びつきを大切にすることであり、目に見えぬ神を裏切らぬこと」に関連付け（宮本 一九七一、二一九頁）、年中行事や祭りを維持させたものを、それらをやめることによって生じた不時の災難に対する恐れという「つつましい気持ち」に求めている（宮本 一九七六a、一六七頁）。かつて、村では、民衆の生活に根ざす呪術的意識が村の協働と村人の共同幻想を保たせたのである。しかし、商品経済の浸透によってそれらはもろくも崩れ、共同体としての村の解体は、村の「もう一つ下の小さな生産単位」である古い家の崩壊をもたらした（宮本 一九八六a、一八六頁）。

宮本によれば、とりわけ、日本の村が激烈に変化したのは、高度経済成長に入る一九六〇年ころからであった。ちょうどその頃から、農民の間に、自分の村を外部から眺める目ができてきて、自分の子は百姓にしたくないという気持ちが生まれ始めた。それまでは、村は自分たちのもので、これからも変わらないものと考えていた。これについて、宮本は次のように述べている。

自分の家は代々そこに住み、自分もまたそこに住む。周囲も同様である。村が村としていつまでもつづいていくであろうという予測の上に立っている。そして村は自分たちのものであり、これからも自分たちの子孫のものであるだろうと考えていた。だから村をよくするのも自分たちの力であり、村がよければ自分たちのくらしもよくなると考えていた。だから、何のうたがいもなく自分の職業を子につがしめ、よい村を作ることが何より大切なことだと信じていた。（宮本 一九七二b、一七三－一七四頁）

しかし、宮本が出会った多くの老人たちは著しい疲れを感じている。彼の見るところ、こうした変化には、テレビの普及が大きく関係している。テレビによって親子の会話が減少し、文化の伝承や地域の人びととのつながりが希薄になり、統一行動が困難になった。老人は息子や孫に囲まれ、コタツに入ってテレビを見て、一見楽しそうに見える。しかし、「生活全体の場を固めようとする意識」が希薄となって、その生活は大きくぐらついている(5)。かつては、「村人たちはまずしく暮らしていても村の中はキチンとしていた。川をよごしたり、ゴミの山が道ばたにあったりということはなかった」（宮本 一九七二b、一七五－一八六頁）。しかし、今は村の環境も荒廃している。専業農家が減少し、兼業農家が増大している。農業人口は減っても農地所有者は減っていない。こうして「地方にあっては農民が農民になりきれなく」なる状況が出現している（宮本 一九七三b、四六頁）。

それでは、村に対する都市の状況はどうであったのだろうか。

## † 都市の状況

宮本は、日本における文化の無性格を都市の無性格と関連付けて論じている。それによれば、東京、大阪などは広い都市空間をもっているが、一つの意識と伝統をもった社会を形成するに至っていない。東京や大阪は、「ただそこに人が集まって住み、それらの人間関係は会社、官庁、商店、学校というような集団内に有機的に見られるものと、商行為による結びつき、交友関係による程度のもので、その社会の一員であるとの自覚は、ほとんどない」(宮本 一九七三b、四六頁)。昔は住めば都という気持ちがあったが、今は住むなら都と言って東京へ行く。しかし、「住んでそこを都にしようとする意気込み」が薄く、「東京をよくするのは東京に住むわれわれの責任であり誇りであるという意識は少ない」[6]。また、日本の都市人口のうち大半は農村出身者であるが、生活感情の基本的なものはきわめて農村的である(宮本 一九七〇a、一二五頁、宮本 一九六七a、二三〇-二三三頁)。

都市に住む人は片足を村に突っ込み、都市に出てくる人は郷里の土地を売っていない。田圃をつくれる者がいなければ木を植えている(宮本 二〇〇二、二三七頁)。都会に住む者は、「都人士であるとともに地方人」である(宮本 一九八四b、一八頁)。しかし、このような「一種の流民意識あるいは他所者意識」は無責任なものであり(宮本 一九七二b、八三頁)、そこにつけこむように、都市資本家たちはその企業で利益を上げつつ、その企業がもたらした社会的害悪について責任をとろうとしない(宮本 一九六七b、二三三頁)。都市居住者にははっきりした市民意識が生まれておらず、市民になりきれないものをもっていると、宮本は見ているのである[7](宮本 一九七三b、四六頁)。

そして、彼は、都市に住む人たちに永住の気持ちが少ないことを示す一例として、都市に公共の土地や場所が非常に少ないことを挙げている(宮本 二〇〇二、二三七-二三八頁)。村の中には共有地、区有地など個人のものでない土地があり、その空間が子どもの遊び場にもなれば、共同作業の場にもなっていた(宮本 一九七二b、八〇頁)。都市に住む人たちも、そこを安住の地、永住の地とするならばまず自分たちの環境をどうしようかと考える必要がある。そのためには、公共の場所や土地が欠かせない。最初からそこに住み着いてそこを自分たちの理想の世界にしようという人たちが少ないところでは、都市問題は解決しないのである(宮本 二〇〇二、二三八頁)。

一方、人間とふるさとをつなぐもう一本の絆に墓がある。しかし、都市がこれほど発達しても都市に墓をもつ住民はいたって少ない。町に住んでいるといっても墓のあるところがふるさとでは市民意識は容易に生まれそうにない（宮本 一九七二b、三〇二頁）。ここから都市人口の大半が、住んでいるところを自分のふるさとと考える「市民」になっておらず、もう一つ別のふるさとをもち、毎年そこへ戻らなければならない社会構造（盆、暮れの帰郷、墓参り）が生じている（宮本 一九七五a、四八‐四九頁）。

ヨーロッパでは、古い町には城壁があって、その中に入ると自分のところに戻ってきた意識があり、それが市民意識を生み出す助けとなっている。これに対して日本の場合には、戻ってきたことを意識するのは、その町に入ったときではなく、自分の家が見えるところに帰ってきた時であるという。ここでは、本当の意味での社会が個人の背後にあるとは言えない。「社会の中の自分の家というのではなくて、たくさん家があるが、自分の家とそれをとりまく少数の家が意識の中にあるだけ」である（宮本 二〇〇三b、三三頁）。

しかし、宮本によれば、日本の都市のこうした性格は何もいまに始まったことではない。江戸時代には、日本の町には住民の選出による市長のようなものは存在しなかった。町年寄りも世襲で町奉行の下にあり、市民の自治執行機関でなく幕府の命令伝達機関の一つにすぎなかった。町人の上に武士が大きくのりかかり、武士そのものの社会には自治もなければ、市民意識もなかった。参勤交代のもとでは、大名やその家臣たちにとって江戸は下宿のようなものであった。そして、人びとの生国意識を強くしたものに檀那寺の制度がある。さらに、明治から戦前まで知事のほとんどは官僚であり、都市に住む者も横のつながりや地域との結びつきが希薄であった。そして、都市の根幹を成すべき町人社会も関東大震災や第二次世界大戦の戦災で壊滅してしまった（宮本 一九七二b、八三頁、宮本 一九八四b、一六、一九、四五頁）。要するに、都市は人が集まって住むところだが、それが「自分らの生活全体をうちたてていく場としての土地」になっていないのである（宮本 二〇〇三b、三四頁）。とはいえ、今日では、都市居住者が、二代、三代と代を重ねるにつれ、住んでいる町を改善しようとする意識や運動も高まりつつある。その一方で、サラリーマンの全国転勤や単身赴任、長時間労働は住民の居住地に対する関心を失わせ、市民意識の発展を阻害する作用を及ぼしていることも否定できない。

それでは、かつてわが国に存在した町衆などの伝統はどうであったのであろう。そして、宮本は、日本の社会構造の特質をどのような点に求めていたのだろうか、次に、その点について見てみよう。

## 三　日本社会の基礎構造

### † 親子関係と主従関係

宮本には、日本社会を東と西に分けて構造の相異を把握しようとする視点がある。家父長的で長子相続、主従関係の強い東日本に対して、母系的で末子相続、年齢階梯制の強い西日本という構図である。彼によれば、東日本では、一般に、本家を中心にした同族的結合が強く、老人が年をとるまで家の実権を握る傾向があった。これに対して、西日本では、とくに年齢階梯制が鮮やかで（とくに海岸地方に著しい）[8]、婚姻による結合が強く、分割相続で、家督も必ずしも長男と限らず、一定年齢になると老人たちは次、三男を連れて隠居する慣習があった（宮本 一九六七a、二一－二二頁、宮本 一九八六a、一八九頁）。年齢階梯制は、家格や家柄の代わりに、年功序列を尊ぶ本来が能力主義的なものである（宮本 一九七三b、一七九頁）。年齢階梯制のはっきりしている社会は非血縁的な地縁集団が比較的強く、同族の者が一つの地域に集って住むのではなく、むしろ分散し、異姓の者と入り混じっているところが多いと言われる（宮本 一九七一、三一－三二頁）。

そして、こうした東西の相異は生活のさまざまな面に現われ、岩手県には若者組さえ存在しない村も少なくないし、東日本では伝承が家によって行なわれるために、伝承者は女性が多いという。これに対して、西日本では、伝承されるものが家よりも村全体に関することが多いことから、伝承者は男性が多いようである。また、家父長制の強いところは、姑の嫁いじめも多い（宮本 一九七一、三七‐四〇、三〇〇頁）。母系制的感覚の強い西日本には、明治五年や二十年の調査では、夜這いや離婚による私生児などが一割近くあり、生まれた子を夫の籍に移さず、再婚の場合は前夫の子を連れて行く傾向があった（宮本 一九七三a、一〇三頁）。

次に、日本の政治的エネルギーの結集の仕方を見ると、大別して「党」（血縁、本家、旗本など、親方によって統率された集団）と「一揆」（持続的に揆を一にしたもの、会議の席順もくじ引きなど）に分かれる。宮本によれば、中部日本では党と呼ばれる武士団が優勢であるのに対して、西日本では、山城一揆や肥前の松浦一揆（十四世紀中頃から百七十家）など一地域に住む人びとの連合体としての一揆が多く見られ、松浦一揆など何十人という小領主‐武士の集まりでありながら主従関係が存在しないという。また、西日本では、武士的なものでなくとも民間にも村の長老たちによる合議的な自治体としての衆（宇治山田会合衆、京都・堺の町衆による自治、三島衆、塩飽衆、河内衆など）が存在し、その内部では年齢階梯的な集団や講が見られる（宮本 一九六七a、一二頁、宮本 一九七三b、一八〇頁）。こうして、宮本の見るところでは、自治的な機能を強くもった村落は西日本に多く、とくに九州西辺の島々に存在し（宮本 一九八一、一五頁）、話し合いによって事を決める気風は西のほうに強かった（宮本 一九七二b、二〇四頁）。

これとは別に、宮本によれば、日本では、主従関係以外に親子関係（侍、農業、漁業）が重要な位置を占めている。武士も戦争の時だけ主従関係が必要で、普通は百姓、主従関係は表面、平素の生活は親子関係であったと言われる（宮本 一九七三b、一七三、一七七頁）。地域的な社会結合に絡んで血を同じくする同族的な結合には、社会保障的な結合がある。これに対して、同族的な結合関係を血のつながらない関係にも活かそうとしたのが擬制的親子であり（宮本 一九八四b、一八一頁）、平安時代末の十一世紀ごろから公家の間でも養子が見られるようになった。これは、労働力の確保が戦争目的（奴隷獲得戦争）であったヨーロッパで、奴隷の使役が社会構造の中にじかに主従関係をもち込んだことと比べてきわめて対照的な事柄である（宮本 一九七三b、一七一、一七八頁）。

このように、日本に古くから見られた親子関係は、「家と家を結ぶものではなくて、人と人を結ぶ関係」（宮本 一九七三a、八〇頁）であった。宮本によれば、元服の時の烏帽子親や、女子が歯を染めるときの筆親は実の親より勢力のある者に依頼するのが普通であり、世襲制でなく頼み甲斐のある人を選んでいる。こうした仮の親子関係はその後農民以外の社会へ強く浸透し、「大ぜいの若者を使うような人たちの間では使用者は親方、雇用人は子方として規定せられることが多く」、その組織のもっとも強く結ばれたのがヤクザの世界であった（宮本 一九六七b、五五頁）。こうして、血のつながりによって裏打ちされた家族構造のシステムが血のつながりから切り離されることによって村や町の構造の中へもち込まれ（宮本 一九七三b、一七八頁）、「日本社会の縦の構造といわれるものの根底」に親子関係が存在する(9)（宮本 一九六七b、五八頁）。

ところで、このような親子関係にも東西の相異が見られる。東日本の後進地では親方と名子の関係は譜代関係が強く、中部では親方に頼む家は限られており世襲的なものが多く存在する。しかし、近畿以西では親方は子方の自由意志、親と子、夫婦で親方の違っている場合があり、必ずしも譜代世襲ではなく、地主小作の関係はあったが必ずしも主従ではなかったと言われる。

一般に、武家社会では主君に対する忠が尊ばれ、武家たちは城下町を形成し、それが江戸に向かって結ばれていた。しかし、宮本は、民衆はこの渦とは一つにならず、その外側で渦を作ったところに江戸時代の文化の特色があったと見ている（宮本 一九七三b、一五頁）。五人組帳では、親に孝行すべしはあるが主君に忠を尽くすべしはなく、農民の社会と武士の社会は異質であり、宮本が訪ねた古老には忠義、愛国のような言葉はなかった（宮本 一九七二b、一七三頁）。一般民衆に忠が説かれるようになったのは明治の大きな変化であり（宮本 二〇〇三b、二九頁）、民法が敷かれて家父長制と家制度が全国一色となり、軍隊によって武家政治的な忠が強いられるようになったと宮本は考えている。教育令は武家社会がもち伝えてきた儒教的なものを文書化したものであり、明治維新は根本的には武家社会の制度が一般化したものなのである（宮本 一九八四a、三〇四頁）。

### † 自立小農経営

宮本は、日本の社会構造を規定したもう一つの重要な要因として自立小農経営を挙げている。民衆の生活には、かつての村や親子関係に見られるような「相身互い」（あるいは「相見互い」）＝「お互い様」という一つの世界観が存在し（宮本 一九七三b、一七頁）、その根底にはお互いがほぼ同じような生活をしていた自立小農経営という事実のあることを指摘している。

宮本によれば、わが国では、大土地所有者すなわち大経営者ではなかった。大土地所有者は、土地を小作に出して、自家経営が五ヘクタールを超えるものはほとんどなかった（宮本 一九七三b、五六頁）。また、小作が農奴でないということは一人の小作が一人の地主に隷属していたのではなく、あちこちから借りていたことを意味する（宮本 一九七三a、二一二頁）。宮本は、日本文化の一番の基盤を、自家所有、他人所有にかかわらず小土地経営である点に見ており、日本の思想の根底に、たとえわずかの土地をもってもそれが小作経営でも経営者であるという意識が一人ひとりに自分なりの考えを形成することに役立っていると考えている。日本の農民は単なる労働者ではなく、自給主義の理念、自主的な精神が根付いた（仮に非常時や多忙なときは村と呼ばれる共同体に依存したとしても）小経営者だったのである。こうして、たとえわずかな自由でも自分の意志を行なう場、思い思いに生きることのできる世界が最下層の社会の中にあったと宮本は見ている。そして、この小土地経営は、中世から現代へ受け継がれ、政治機構、社会制度は変っても、小土地経営は変らず、それを根底で支えたのが「家」であった。小土地経営の面積は家族の大きさによって規定され、家の崩壊は生産体の崩壊を意味し、家族数が三人に減ると絶株となったのである（宮本 一九七三b、一七、四八、五七、五九、六三-六四頁）。

こうした農業経営に見られる家族経営方式は農民の都市進出に伴って小売商という経営形式にも反映されている。それ以前の都会の商家は多く問屋、仲買、卸商であり、家族のみならず番頭、丁稚、下女などを使う経営規模の大きなものが多く、それ以外では手職を伴う商家が多かった。ところが、商品をただ売るだけの小売店が明治以後急速に発達して日本の都市のタイプを形成していた（宮本 一九七三b、七一頁）。

また、宮本によれば、小土地所有、小土地経営がいろいろの請負耕作制を生み出し、それが一般社会に拡大して、産業の近代化に役立っている。日本の近代化は土地に対する制度、慣習、観念、それが生み出した生産体制と密接に関係している。小土地経営が生産や生産組織を規定し、小作や下作が一種の請負であったように生産の組織が請負の形をとり、出来高払制（請負制）がさかんとなるが、これは農村における小作制度を下敷きにしているように思われる。高い小作料は低賃金をもたらし、農地解放は小経営からの解放には直接つながらなかったが、請負は人を勤勉にした。言うまでもなく、このような小経営の中からは広大な思想や経営計画は生まれることはなかったし、一人ひとりの人間のスケールを小さくしたのはこのような伝統であった。しかし、人を勤勉にしたのもまたこのような制度、慣習なのであった（宮本 一九七三b、五八、六一-六二頁）。

そして、第二次大戦中の配給制度が都市の仲買、問屋、卸商を壊滅し、村では、戦後、引揚者も加わり、一九五〇年には農家数六百十七万戸、一戸当たり、〇・八八ヘクタールとなり、生産単位としての家は崩壊した。そして、女性は家についての伝承と権威を子に伝える必要をなくし、親としての権威をもって子に伝えるものを失ってきたという。しかし、宮本の見るところ、信条の共通性は失われたが民衆社会の根底にあるものはまだ失われていない。小土地所有を主とした社会構造は、一人ひとりが自分の立場に立ってものを考える場を提供している。日本人は個性的でないと言われるが同じような生産形態をもったものがそれぞれ村落共同体を形成していたから一つひとつの個が浮かび上がらなかっただけであり、それなりに個も個性も存在したと宮本は考えている。小さい土地をもってそれを家族単位で経営していくことが一つの慣習となっており、ただヨーロッパ的個性と異なるだけだと見ているのである（宮本 一九七三b、七二、八八頁、宮本 二〇〇二、二三八頁）。

### † 農耕社会

宮本によれば、交易を主として発達した都市社会では、自らの利益を守るために強い自己が形成され、資本主義的なものが早く出現し、集団意識が変化して個人の自覚が早くやって来る（宮本 一九七三a、一三三頁）。一方、農耕社会では、生活のさまざまな面で農民がお互いに協力するための信頼や融和が必要とされ、日本の場合には意識において生ぬるい個人と社会との間に「家」が存在して、これが両者の関係をあいまいにしてきた[10]。その結果、日本では個人としての自覚や責任が不明確で、「下から盛り上がった革命がない国」となった（宮本 一九六七b、二六三頁、宮本 一九九七b、八〇頁）。

日本は狩猟社会から遊牧や牧畜を経由することなく農耕社会に移行した。宮本は、農耕文化の特色を、繰り返し、定住性、祭祀統一、生命再生の思想、魂の再生の思想、生命軽視などに求めている。とくに、生まれ変わりの思想、日本人の心中、ことに男女が抱き合って死ぬことは他の国では見られない。狩猟がたえず移動し、交換経済を必要としたのに対して、農耕による定住は自給経済を生み出す。その結果、農耕社会は自給中心にして定住的であり、共同体の緊密性をもち、鎖国可能である。家を大事にするというのも定住を中心に発達した思想であり、村内の生産が農業などの単一なもので同じような暮らしとなり、だれの考えも似てくる傾向があると宮本は考えている（宮本 一九七三a、二一、一五二頁、宮本 一九七三b、二〇九‐二一〇頁、宮本 一九七六a、九〇頁）。そして、その他にも、宮本は、農耕社会に関係する日本人の特徴をいくつか挙げている。

まず、日本人は農耕で統一された民族で暦が一つであり、分権思想はあっても、基本的に中央集権になりやすい民族であった。そこでは、対立があっても、その対立されたものがすぐ上のもので統一せられる習性をもっている（宮本 二〇〇三b、四五‐四六頁）。さらに、日本人の性格には自然を征服するというような強さや企画性が欠けていて、自然や世の中に対する順応的な性格は、天候に対応していこうとする努力の中から生まれてきている。日本人が近代人としての資格を十分にもっていないのは、自己と対立するものに対して、真の対決意識をもって立ち向かわなかったことにあり、それは日本人の自然に対する態度によってもたらされた。そして、そのことは人びとを卑小にし、風にそよぐ葦にしたのではないかと宮本は考えている。その土地の生活が苦しくとも、古くから住んでいるところを動かないことが強く強制され、それぞれの土地で問題が起こったとき、それぞれの土地で解決することが要請されたのである。日本人全体に見られアキラメの思想もこうした点に由来するのではないかというのが宮本の見方である（宮本 一九六七a、一〇六、一一七、一一九頁）。

その上に立って、宮本は、定着するものには一定の型があり、そこには、無反省な雷同ではなく、厳しいセクト主義が存在することを指摘している。いろいろの技芸の伝承、茶華道に多くの流派があり、わずかばかりの差異を理由に小さな派閥をつくってその中に閉じこもることによって他を拒否するのはその一つの現われである。流派が生まれるのは、目的よりも手段が問題になるからであって、それが自己の世界を狭くしていると宮本は考えている（宮本 一九七三b、三〇頁）。

（1）「私がこの書物を読んで以来今日までの四十年近い年月も、実はひたすらにこの著者のような態度で物を見、事の真実を追究して来ていたともいえる」と宮本は述べている（宮本 一九六四、四頁）。

（2）宮本は、郷土研究とは「郷土人の感覚で研究する」ことであり（宮本 一九八六a、九頁）、「同時に私はふるさとを通じて、ふるさとと同じような世界を見ようとする」と述べている（宮本 一九八六b、一三九頁）。

（3）宮本は、生活の外形的なものの例として家の構造や産業によって形成されるものを挙げている。たとえば、多摩地方では西を向いた家はほとんどないが、北や東や南向きなどで一定していない。それに対して、群馬県では蚕を飼う家のほとんどが南向きとなっている。そういう中である共通した情感や情操が生まれる。養蚕は大変前向きな産業であり、それを通してお互いが身につけた積極性は消すことはできない。人びとが結束する上で大事なことは、そういうような共通したセンスのようなものをもつことであり、われわれを横につなげるものの一つとして産業が果たす役割は大きいと宮本は考えている（宮本 一九七三a、四七-五一頁）。

（4）明治大正の立身出世主義によって、村人たちが仲良く暮らすことを理想とする考え方から「他人よりも高い地位、栄誉、財などを得る生活をもって幸福と考える」ようになった（宮本 一九六七c、一五七頁）。

（5）テレビがいままで他人が入らなかった家庭の中を見せるようになり、テレビを見ている人たちはやがてその画面の中の生活が一般だと思うようになってきた。そして、子どもがテレビに映っているものを欲しがるようになり、子どもたちが身分相応でなくなってきた。貧しくとも貧しいなりに辛抱することがなくなり、そういうことも出稼ぎを促進させる大きな理由となった。こうして、「収入に応じた生活ではなくて、消費生活に必要な収入を求める生活」が村人の生活となった（宮本 一九六七a、一七七、一九七、二〇〇頁）。

（6） かつて、東京という町は東日本の人たちが集まってできた町であり、西日本から東京へは出稼ぎでなく遊学が多かった（宮本 一九八四b、一八頁）。宮本によれば、武士は居住している土地から離れやすい性質をもっている。彼らは生産を通じて台地に根を張っていない。明治維新の後、武士は子弟を東京へやって教育し、子弟が卒業して独立すると故郷を捨てて子弟のもとへ行った。そして、明治中期になると一般農民のうち比較的財産のある地主層や商人たちがそれを見習うようになった。こうして、地方における経済的蓄積は子弟勉学の資として東京に吸収された（宮本 一九六七a、三一―三三頁）。

（7） 宮本は、「おたがいが大勢で接しあわねばならぬような場合にはふるさとから持ってきたものはすぐ捨てられる。しかし私生活の中にあるものはなかなか消えさらない」（宮本 一九八四b、一三頁）として、生活に根ざす感覚というものはそう容易に改まるものではないことを指摘している（宮本 一九七三a、一九頁）。

（8） 宮本は、漁民の生活の特徴を次のように描いている。漁民は、小さな船によって生産と生活をしていたから、平等観と協力体制は強かった（宮本 一九六七b、一二一頁）。実力が尊ばれ各自が実力に応じて生きてきたのが漁民の社会であった。もっとも大切なのは連帯意識であった。なぜなら、海の上の事故は、協力がないと命を失うからである。海上の事故で見過ごすのが一番の不道徳であり、命令されなければ動かない人間が一番軽蔑された。また、食料も必要なときには海に行けばあるので、農民のように計画的に生産を行なう感覚に乏しい面を持っている（宮本 一九七三b、一一〇、一一四頁）。そして、魚がほしければ沖へ行けばとれることから、百姓のように半年先を待たねばということもなく、貧を苦にしなかった（宮本 一九八四a、四三頁）。

（9） 親方とはリーダーの日本的形だが、日本のリーダーは黙ってついて来いというワンマンタイプではなく、よく周囲のものの意見を聞き入れたのが親子関係の一つの特徴である（宮本 一九七三b、一七〇、一七二頁）。今日でも、社会的・経済的にも一番不安定なところに親分・子分の関係が残っている（宮本 一九八四b、一八三頁）。宮本によれば、そこでは、一つの手段として存在した組織が力あるものの勢力温存の組織として利用され、温情主義は子の仮の親子的つながりの中に存在し、政界、官僚、学者の世界など浮動性の強い社会の中で自己努力を温存するためにこの組織が効果を発揮しているという（宮本 一九六七b、五七頁）。

（10） 宮本の見るところでは、ヨーロッパでは、元来矛盾した概念である自由と平等を個人において宗教的に統一した。大きい人間的苦悩があり、その解決は宗教に任せられた。しかし、日本では、社会と個人の矛盾や国家と個人の矛盾も家で統一してきた（宮本 一九七三a、一八八頁）。

# 第五章　宮本常一の民俗学（二）

――相互扶助と自立――

## 一　日本人の仲間意識と相互扶助

### † 日本人と個の自覚

宮本常一は、近頃の日本人はないことまでべらべらしゃべる、また、行きずりの人たちが挨拶をしないのを当然と思うようになったのもこの頃の変化であることを指摘している。村人の語るところでは、これは商品経済の浸透によって商売根性が強くなったからである（宮本 一九八九、三四頁、宮本 一九九二、一九四頁）。

宮本が、第二次世界大戦後に、日本の村を歩き回った頃、ラジオの声がヒステリックに、「泣いているか、笑っているか、わめいているか」していた。その声の表情の中に平静で平和な部分がほとんどなくなり、平静にものを考える力は感じられなかった（宮本 一九七六a、八九頁）。さらに、テレビ時代になって、テレビの普及していないところでは村人が歩調を合わせて実践する統一力が見られたし、人の集まりもよかった。しかし、テレビの普及しているところでは、村の会合や行事そのものが困難になった（宮本 一九六七a、二〇三頁）。

日本人は、戦後民主思想の発達から人間の尊重と自己の確立、ひいては他人に犯されない私生活を打ちたてようとした。しかし、それは自分および自分の家族を含めての安泰と幸福を求めてのことであって、自己を含む社会全体の幸福を考慮してのことではなかった。宮本は言う。

> 民主政治というものは、民衆がだまっていても、民衆のために政治的活動がおこなわれるようなものでは決してない。たえず監視し、また民衆が自己主張をしなければならないものなのである。（宮本 一九六七a、八三、二三四頁）

また、

> ただ戦争反対、軍備反対と叫んだだけで戦争はなくなるものではない。一人一人がそれぞれの立場で平和のためのなさねばならぬことをなし、お互いがどこへいってもはっきりと自分の是とすることを主張し、話し合えるような自主性を持つことであり、周囲の国々の駆け引きに下手にまきこまれないようにすることであろう。（宮本 一九九三b、一四七頁）

民主主義は、個人に属する権利を守るだけでなく、個人の権利が守られるような社会をつくっていくことに皆が努力することによって達成されるのである（宮本 二〇〇二、二三四頁）。にもかかわらず、日本人は、封建社会から抜け出した後も、自己主張しないことを美徳だと考えていた（宮本 一九六七a、八三頁）。

それに対して、ヨーロッパ社会では、異民族の間で利害について討論された伝統から、そこでの会議は違った立場の者がそれぞれの意見を主張する社会が早くから発達した。一方、日本では、そうした討論というものはほとんど見られず、「二つの意見がどのように歩み寄るか」が中心となり、「どこかへ接点を見出して、このほうへ歩み寄るための話合い」が会議の中心となっている。妥協していくために人びとが集まり、ある雰囲気をつくってその中でしか物事を決めていけない。村の最大のモラルはもちつもたれつであり、寄り合いは「物を議決するというより一種の知識の交換」の場となっている（宮本 一九七三b、一五四、一五五頁、宮本 一九七二b、一七一頁、宮本 一九七一、四一頁）。

宮本によれば、日本における個人生活の確立は、社会組織の発達とともに徐々に行なわれたものであって、西洋のように苦しんで得てきたものではない。ヨーロッパの地中海社会、ギリシャ、ローマでは労働力確保のための戦争がよく行なわれ、戦争に負けたものは奴隷となって結婚もできなかった。しかし、「戦争で負けただけで相手の下になるなんてそんなばかげたことがあるか」という意識がヨーロッパにおける個の自覚に役立ち、人びとを下から突き上げる力となった（宮本 一九七三b、一七六頁、宮本 一九九七b、八〇頁）。これに対して、日本では、個の確立がなく、とくに農民層にそれが著しい。宮本の語るところでは、農村で個人の自覚のスタートとされるのは、生産能力を基準としてつくられた「一人前」であり、一人前という社会的評価を受けることは社会の中で個人的地位を認められることであった。それによって村人はすべて自分たちと同じ仲間であることを認められ、逆に人並みのことができないのは最大の恥辱であった（宮本 一九七三a、一八〇頁、宮本 一九六七c、七三頁）。

日本人の行動に集団主義的性格が強く、個人としての責任を取らないことを示す一例として、宮本は、政治家や行政官に人間関係による責任感の少ないことを挙げている。地域に住む人間は、さまざまな関係によって結ばれた、いわゆる生活共同体をなしている。しかし、政治家や行政官は肩書きと職名によって民衆につながっているために、この人たちにとっての責任とは、肩書きやその職に対する責任であり、民衆に対する責任ではなかった。したがって、その地位にある者が職を去ってしまえば責任はなくなる。宮本は、マッカーサーが日本に敗れてフィリピンを去るとき最後に日本が敗れるであろうことを予言している理由の一つとして、日本人がその地位および職務に対する責任は負うが人間的な責任を負わない点を挙げていることに強い印象をうけている（宮本　一九七〇a、一〇七頁）。そして、「人間ひとりひとりが自己の責任において、「自分ならどうする」というはっきりした意識の確立があってはじめて戦後からぬけ出せる」と述べている（宮本　一九六七a、二二二頁）。

近代は、生活必需品の自給性を失っていく過程であった（佐藤利夫　一九八一、二〇三頁）。それと同時に、民衆が、体験以外のことでものを言うようになった時代でもあった。維新以前を生きた人の話は体験を主とし、語りに嘘がなかった。宮本の言うところでは、維新以後の人の話には自分なりの解釈が入るようになり、同様の変化が第二次大戦を境に起こりつつある（宮本　一九六七c、二九一頁）。国内に向かっては強いことは言えても、国外に向かって自己主張をもたないということは、無思想に等しいと。日本では住宅の形や構造に示されるように、一人ひとりが生活の個性をもっている。しかし、同一社会で住んでいるからそこで調子を合わせなければならないという側面がある。西洋的なドライな関係は三分の一で、日本は根底では近代化しているとは言えないのである（宮本　一九七三b、四六、一八〇頁）。

## †仲間意識

こうした日本人のものの考え方の根底にあるのが、日本人独特の人間関係と言われる「仲間」意識である[1]。

宮本によれば、日本人は人間関係の初めから社会を背負っている。しかし、それは社会一般ではなく、その属する社会、すなわち「世間」である（宮本 一九七三b、一五八頁）。宮本は次のように述べている。日本人が今日まで築いてきた文化には「仲間」という考え方が基本にあり、「仲間のもの」「仲間にする」「仲間はずしにする」といった考えが根底にある。仲間の中に生きる、あるいは仲間として生きる、そういう考え方が日本人に強くあり、日本人は、「仲間」とは融通しあうが「よそ者」は排除する傾向が強い。主従関係の強い社会に嫉妬は多くなる（宮本 一九七六a、一〇九頁）

そういう関係でしかお互いが接しないから日本人の世界は狭くなり、社会一般というものが根付かず、排他的な側面が顕著となる（宮本 一九七三a、五八、六一頁、宮本 一九七三b、一六八頁）。

現代日本の最大の組織は「企業」という、「社縁集団」の制度と「付き合い」が結合した組織である。この度合いが強くなると家族的な職場となる。宮本によれば、「付き合い」というのは、組織や制度的なものとは別の人間関係のことである。宮本の述べるところでは、日本ではある一つの企業なり同業者が一つの機能をもって全体として動いていこうとすると、制度だけではどうしようもない側面があり、そこに一つの仲間意識が要求されてくる。そして、その仲間意識は日本では「家」という感覚で受け取られている。また、企業のような利害集団になると付き合いは不可欠のものとなり、親睦会などによって家意識をつくってからでないと、みんなが会社のために本気になって働かない（宮本 一九七三b、六〇－六三、一五八頁）。

宮本は、日本人の中にある祭り好き、すなわち仲間意識を確かめあって安心しようとする性癖を企業社会と関係付けて見ている（宮本 一九七五a、一六五頁）。村の中で行なわれていたものが今度は組織を変えて別の方で起こり、村の中の宴会は減ったが企業の中で増えている。村の中で祭りが消えても別の方で起こっているのである。こうして、日本では、社会がある安定性を保つために、一人ひとりの人間が仲間として育てられている。しかし、こうした性格の仲間意識はアメリカにはない。宮本の不安は、この仲間意識がこれから先相当崩壊していくのではないかというものである[(2)]。日本的な付き合いだけではだめで、社会人としての自覚やパブリック・マインドが必要となってくるのではないかというのが彼の考えである（宮本 一九七三a、五六、五八、六二頁）。

## † 日本社会と相互扶助

仲間意識とともに日本の民衆生活を規制したものに「相互扶助」の精神がある。相互扶助は古くからある封建時代の大きな道徳の一つであった。相互扶助は裏を返せば、伸びゆく者を制御する力であり嫉みである。

宮本は言う。「封建社会は、生産は伸ばしたいが、伸ばせば封建社会自身が崩壊しなければならないので、その社会自身の保護作用としてのびゆく者を防ごうとした」（宮本 一九七三a、一七六頁）。しかし、その一方で、見も知らぬ旅人の宮本を自分の家に快く泊めてくれたのはいつの場合も相互扶助の精神の根底にある「相身互い」の思想、「いつおまえの世話になるかもわからぬ、ならぬかもわからぬ。お前がどこの馬の骨であってもかまわぬ。泥棒であってもかまわぬ。困っているものを助けるのは相見たがいだ」（宮本 一九七二b、一七三頁）という考え方である。日本は give and take（物をもらえば必ずお返しをしなければならない、お世話になったから何か報いをしなければならない）の徹底した国であり、日本人の世間意識の根底には、互酬の考え方がある（宮本 一九七三b、九頁）。民衆の生活には、「自分のつとめをはたしていさえすれば決して困ることはなかった。借銭ができれば親しい者が頼母子をはじめてくれる、長い病の床について田畑の仕事がうまく運ばなくなれば、近所の者が来て手伝ってくれる」というような互助的な結合が根底にあった(3)（宮本　一九七二b、一七〇頁）。もちつもたれつ、相身互い、困ったときは助けてあげる、そのときの見返りを求めない、いつ世話になるかわからぬ、という一種の連帯感の上に立つ相互扶助の精神であった(4)。

それでは、日本人にこのような感覚が形成されたのはなぜだろう。宮本によれば、日本人が、海に囲まれた島国に住み、外敵や異民族からの危害も少なく、本格的な武力征服をうけたことも第二次大戦の敗戦までなかったことが大きく影響している。また、「渡る世間に鬼はない」という言葉は、こうした状況をよく示している（宮本　一九七三b、一〇頁）。日本人は農耕民族であり、異民族と接することなく自給自足中心にして定住的であり、共同体の緊密性をもっている（宮本　一九七三a、一五二頁）。ヨーロッパ社会のように異民族がたえず接触している場合には、交換経済を必要とし、その場で決済をつけなければならないことも多い。それとは異なり、日本では、一般民衆は同一民族として、同一環境の中にいることによって人を疑うことも少なかった。それはある意味で「植物栽培の文化の至りついた世界」であった（宮本　一九七三b、一二、一三五頁、宮本　一九七三a、二八頁）。

宮本が愛読したクロポトキンの『相互扶助論』は、群れをなして生きることそのものが、本能的に相互扶助を必要としていることを前提としている。「生物のあらゆるものが生きていくためには群れをなし、その群れの中において個々が連携して助け合うことによって共同体を形成してきたことの示唆」を、宮本は民俗学を通じて明らかにしようとした（宮本　一九六四、四頁）。宮本はふるさとの郷土大学の記念講演の中で次のように述べている。「豊かな世界の中で一番大事な基礎になるものは何かといいますと、連帯感を持つということではなかろうかと思います……連帯感が生まれてきて自分一人の問題ではなく全体がよくなるにはどうしたらよいかが問題になって来ました」（長浜 一九九五、二三二頁）と。

## 二 中央と地方

### † 地域格差

宮本によれば、民衆生活の中にはさまざまな格差が存在する。搾取というのは資本家と労働者の間のみに見られる現象ではない。彼が着目するのは、国家と国民の間に存在する搾取、「地域的な富の偏在」である（宮本 一九六七a、八二頁、宮本 一九九三b、一四八頁）。宮本によれば、明治になって、鉄道などの陸上交通の発達によって交通事情は一変して、島は鉄道の終点から結ばれる袋小路になった。交通体制の新しい確立は、一般に封建社会を資本主義に切り替える動力となる。しかし、離島はその立ち遅れから資本主義社会への正式な参加が遅れた。宮本は言う。今日では、農道、林道が発達し、乗鞍へもバスで行ける、しかし、離島は遅れている（宮本 一九六九a、三二一頁）。都会に住んでおれば税金を納めるだけで、道路もよくなり学校もできる。しかし、島ではそうはいかない。道をつくるためには労力を提供し、地元負担金を出す。学校を建てる金の一部も負担しなければならない。居住戸数が減るほど一戸当たりの負担は増加する。これは、僻地も同様である。(5) そして、その自己負担に耐えられなくなったとき、戸数は急速に減少し、どうしても他に行くことのできない者だけがそこに残ることになる（宮本 一九六七a、八七頁）。

資本主義経済には低所得層と周辺地域の文化産業を遅らせる働きがある。しかし、それを遅らせないようにするのは政治の義務である。この格差をなくすることは個人の力ではどうすることもできない。国民全体が根本的にものの考え方を変え、人間の尊厳を守るような思想をもっていない限り、世の中は真によくなりようがないのである（宮本 一九七〇a、一〇七、一〇八、三二七頁）。宮本は言う。「地域社会の文化はそこに住む人達の気魄と努力によって生まれて来るものである」。地方は決して貧しくはない、地方における蓄積が仮にそのまま地方の産業を開発するような形で利用されるならば、それに耐えうるだけの蓄積をもっている。戦争のために地方銀行は一県一行となり、地方における金融の主体性がなくなり、小地域を開発する中心となる金融機関がなくなった。現在では地域から集めた資金を都市に投資することによって都市はますます拡大している（宮本 一九七二b、七五頁、宮本 一九六七a、一七三頁）。親が子どものために支出した教育費も地方から都市へ流出して元には戻らない。しかし、生活費を補うために他地方に出稼ぎするのではなく、地場産業でまかなうようになってこそ、自主性は生まれてくる。外から来る新しいものによって生きようとする風潮で自らのもてる文化のすべてを軽蔑し非難するのではなく、自分たちの生活の中から新しいものを生み出す努力が大切である（宮本 一九六七a、九二、三一九頁）。

## † 地方の自立

宮本の考えでは、「ほんとの生産的なエネルギーというものは命令されて出て来るものではない」。惨めな村だから助けてくれというのではだめだ。村をよくするためにこんな計画をたて、こんなに努力している、それが村の生産や生活をどんなに変えてゆくかを訴え、「そうしなければならないぎりぎりの気持ちを持ってみんなが集まってくるとき」運動は進んでいく（宮本 一九六九a、五〇頁、宮本 一九八四b、二〇八頁、宮本 一九七三b、一八二頁）。宮本は言う。「いちばん大切なことは、騙されない自己を確立することである」「諸君は、安全な道を選んで大きな会社に入って、ところてん式にだんだん上のほうへ年をとるほど俸給が上がってゆく生活を望まれる。その中からは社会問題は絶対解決はつかないのです」「世界は自分達の努力によって、自分たちにとって（他の世界の人達にとってではない）、もっとすばらしいものにすることが出来るという自信を持つこと」が大切であると（宮本一九七三a、二〇五頁、宮本 一九七二b、一九、七四頁）。また、宮本は次のように述べている。

どこに行っても自分がいまいる場所で生活をたてていけばよいのではないか。（宮本 一九七三a、二〇七頁）

自分達の住んでいる場というものを住み良くしていくことが、最後の目的で互いが信頼しあって生きてゆく場をもつことが、一番大事なんだろ。……僕の夢は、はっきり言うとね、地域主義なんだよ。それが昔から夢だったんだ。百姓のせがれだったからね。それぞれの地域社会が生き生きしてくることが、世の中で一番おもしろいんで、もういっぺん地方が中央に向かって反乱を起こさなきゃいけないと思うんだ。田舎にそういったエネルギーがあるように思うんで、それが無くなったらね、国っていうのは滅びるんだろう。（河内 一九八一、四五四頁）

宮本によれば、相互信頼できる社会は、ある情感をこめた相互理解があって初めて生まれる。そういう気持ちが共同社会＝communityとしての地域社会を支えてきた一番大きな力であった。着たり、食べたりするものは新しいかもしれない。しかし、そこにおける人間関係は、古い形でしか存在していない。「新しいものを持ち伝えて、それを支持して行くのもその地方の習俗」なのである。生活の場での家同士や、地域ぐるみでの自主性を育てていくことが大切なのである（宮本 二〇〇三b、三六頁、宮本 一九七三a、五七頁、宮本 一九八三、一六五頁）。

宮本は言う。都市に住んでいるからといって市民であるとは言えない。片足を故郷に置いて半分は田舎人の意識をもっている「仮の宿」の意識ではだめだ。都市の永住者として、自分の町は自分でつくるという意識をもたないといけない。合理的経営を目指す農民は増えてきたが、一種の使命感をもった百姓はずっと減少してきた。農民として生きる目標が失われ、兼業化が進み、男はサラリーマンになり、女が耕作するものが多くなっていった。そこでは、上部構造としての農協はあるがその農協は事務団体になっている。農民は農民以外に向かって発言する機関をもたなければいけないのである（宮本 一九七二b、八〇－八三、二三七、二六二、二八六頁）。

## 三　学問と教育

### †旅と生活

宮本にとって学問は、まず、「自分のためのものでなければならない」。学問をするということは、人が人を信頼する関係を打ち立てていくためであり、どのようにすれば安んじて生活していくことができるかを見つけていくためのものであった。その場合、注意すべき点は、学術調査という名目で「調査する者の方がされる者よりはえらいという感覚」をもち、人文科学が「訊問科学」になってしまうことであった。官僚意識は官僚だけがもっているのではなく、すべての人の中に潜んでいることを宮本は警告している。また、「理論がさきにあって、事実はそれの裏付けにのみ利用されるのが本来の理論ではなく、理論は一つ一つの事象の中に内在しているはずである」。自分の理論を正当付けるために、調査者の目の届かぬところはすべて切り捨てたりすることは厳に慎まなければならないことなのである（宮本 一九八六a、九、七五、一一二、一一三、一二二頁）。

柳田國男にとって、日本民俗学は、「疑問を解くための学」であった。宮本にとって、民俗学は、「歩く・見る・聞く」を通じて、「人間が生きる尊さっていうか、生きる意味ってものは何かっていうことの追求」であり、各自の郷土において、「郷土人の意識感覚を透して」（柳田國男）、百姓たちの抱えているもろもろの問題を内側から見ようとするものであった。政治だの経済だのそういうことについては何も知らぬ。しかし、自分の生きなければならない道を精一杯歩いた人の姿をそこに見つけようとした。その意味で、宮本の民俗学は、「つねに民衆の側に役立つ生活に根づいた学問体系」として「当事者学」の側面をもっている（浜口 一九八一、一九六頁、宮本 二〇〇二、二二五頁、宮本 一九九二、五〇頁、谷内 一九八一、一一七頁）。

宮本の旅は、言わば、「ふるさとを通じて、ふるさとと同じような世界を見ようとする」ものであり、仲間を求めて歩く旅であった（宮本 一九八六b、一三九頁）。そのような学問に接して、農民の一人は次のように語っている。「この学問は私のようなものを勇気づけますなァ、自分らの生活を卑下しなくてもいいことを教えてくれるのですから……百姓のやらなければならぬ学問ですなァ。みんながこういう風に自分の生活をふりかえるようになると百姓もみなよくなるでしょう」と（宮本 一九七一、二一八、二一九頁）。

民俗調査に当たって、宮本は、「ただ相手から奪うだけで、精神的に何もお返ししていない」ことを気にしていた。これは、対馬調査に際して、渋沢敬三が「何か島へお返ししなければならないが何がよいだろう」と言っていたことが宮本の心に深く残っているものである。(6) give and take は、人間関係に限らず、学術調査の基本原則であり、調査者は、相手から話を聞き出すだけことだけに懸命とならずに、「相手の立場に立って物を見、そして考えるべき」なのである（宮本 一九八六a、六九、七〇、一一〇、一一四頁）。

宮本は述べている。

芭蕉や西行の脱俗もなければ、菅江真澄のように漂白に徹しているのでもない。人なみに妻もめとり、子も持ち、しかもその妻子をおいて歩いていることが多いのである。黙々として土を耕し種をまき、また子を育て、わずかながらも自分および自分の周囲によい生活をうちたてようとしている人たちの姿を、心ある人たちに知ってもらうためにまのあたり見、また聞きもして、これを伝えようとするのが私の旅の目的であった。由来勤勉にして善良なる村人は自らの生活や生活苦を世間に向かってしめすことが少ない。しかしそういう生活こそ農村に関係の乏しい人びとにも知ってもらっておきたいことであった。（宮本 一九六七c、二六二頁）

宮本の民俗学は、それぞれの土地で自信をもって生活している人が次第に減少し、その日暮らしの人の多くなった中で、「誠実に生きつつ訴えることを知らなかった人たちの生活を明らかにしていくことが自分の仕事」であると考え、「民衆の智恵」を訪ね歩いた旅であった（宮本 一九七二b、六五頁、宮本 一九七五a、一四〇頁）。それはまた、「私なりに渋沢先生から教えられたことを軸にまとめたもの」であり、人間が生きるためにいかに努力したか、その中に満ち溢れる利害を超えた「詩の世界」を示そうとするものであった（宮本 一九七九、二五四頁、宮本 一九七三a、二〇五頁）。宮本が多くの大学からあった誘いの中で、武蔵野美術大学に職を定めたのも、おそらく自分の力を出し切って生きていく美術の実力の世界に「仲間」を見出したからであろう（宮本 一九九三b、一九九頁）。

宮本は、風景は作るもの、人間の作り出したもの、「その人間がどういう思想を持つかでその地域の風景は決まってくる」ものとして捉え、「自分の生活の一部として自然を感じなくなった」ことが自然を壊す原因となったことを述べている（宮本 二〇〇三ａ、三一頁、宮本 一九七五ａ、九三頁）。宮本が自然について語った次の文章は美しい。

それでも暗くなったのだという。杉山の部分だけは冬がきてもう色は変らなくなったのである。……昔は季節の変るごとに気持ちも変わり心もはずんだ。草や木というものは、単に暦の役だけではなく、村人をはげまし、仕事をさせてくれたものだという。しかし、そのはずみは大方消えたのである。いや、皆の手で消したのである。櫟も減った、山桃も減った、野山も減った。講はもう全部名だけで中止になった。残ったのは前よりも味気ない労苦多い人生と借金であった。……それでいて仕事は楽になり、金は儲けやすくなり、よいものを食うようになったのである。……自然が変化に乏しくなったことのみがそうさせたのでもなく、自然の変化を乏しくさせた事情がそうさせた点も大きかった。（宮本 一九九三ａ、五三、五四頁）

そして、今、墓地にある桜が消えつつある。「墓地も先祖の眠るなつかしい土地ではなく、死者の単なる埋葬地」となりつつあることは、村人にとっても寂しいことであった（宮本 二〇〇三ａ、一七四頁）。

宮本は、各地を遍歴しながら念仏踊りを伝えた遊行上人・一遍の生き方に限りない共感を覚えている。宮本は、一遍の次のような言葉を引用している。「一代の聖教みなつきて、南無阿弥陀仏になりはてぬ」「畳一畳しきぬれば　狭しとおもふ事もなし　念仏まふす起きふしは　妄念おこらぬ住居かな　道場すべて無用なり（中略）法主軌則をこのまねば　弟子の法師もほしからず　誰を檀那と頼まねば人にへつらふこともなし」（宮本 一九八六ａ、二一三頁、宮本 一九九三ｂ、二一二頁）。宮本は、坊さんだけは天皇とも付き合える、乞食の中へも入っていける、階級に属さない、妻をもたない、家を生み出さない、家柄はないと述べているが、彼の生き方もまた一遍の信条に通じるところがあったのであろう（宮本　一九七三a、二三、二四頁）。この点を捉えて米山俊直は「各地に弘法大師や行基菩薩、あるいは役の行者の名とともに残る事蹟があるが、先生のお仕事にはどこかこうした人たちの事蹟に似たところがうかがえるのである」と述べている（米山　一九八一、一四頁）。宮本が父親から聞いた次の歌は宮本自身の生活信条に近いものがあったと思われる。

心だに誠の道にかないなば祈らずとても神や守らむ。（宮本　一九六七c、九二頁）

宮本にとって自利はまた利他であり（最澄）、「神仏を拝むのも人に功徳をほどこすのも一つの事」であるという老婆の言葉を記録にとどめている（宮本　一九七七、一六一頁）。

## † 子どもの教育

それでは、宮本は、これからの日本人のあり方をどのように考えたのであろうか。彼は、子どもの教育の重要性について力説している。

宮本によれば、昔から、実践を通じて生き方を一つの型として身につける教育として「シツケ」があった。宮本は言う。

シツケがよいというのは、その社会における共通感覚を身につけ、動作の上にそつのないことである。着物を縫ったあと、キチンと折り目をつけ、縫いくずれしないように上縫いした糸をシツケイトというが、人間にもそのようなくずれない折り目をつけることがシツケであると思えばよい。

人が生きていくためには、知識同様に生活体験（シツケなど）が尊かったのであり、西日本のシツケの基本となったのは、モッタイナイ、オカゲ、バチ、義理、恥（恩＝返すとオカゲは違う）などである（宮本 一九七六a、一六九－一七一頁）。

また、子どもの人格形成にとって大きな意味をもったものに昔話がある。その中で弱い者いじめは許されなかった。昔話で重視されたのは、愚直、誠実、権威に屈しない、寛容などの価値であり、このような昔話は、何回も繰り返して語られ、耳で聞いて覚え、長く記憶していくためにどうしてもある型（語呂、民謡のリズム、五七調、七五調など）が必要であった。同じことを繰り返して聞くのは安定感を与えてくれる喜びがあり、これは農民生活の年々歳々の繰り返しとも関係している。こういう話のよさは何回も繰り返してやるところにあるが、新聞やテレビはそれをしない、一回きりである。そして、文字が普及してからは、話し言葉が散文的になった（宮本 一九七六a、一七〇、一九〇、二二一頁、宮本 一九八三、二八、二九、一一六頁）。

宮本によれば、「村の中では子供たちは子供たち同士で遊ぶことによって、いろいろの遊び方も生きることの工夫も、共同生活の尊さも、助け合いも秩序も学んだのである」。宮本はタメオニという子どもの遊びについて次のように語っている。

この時も一種の道義があって、小さいものはなるべく初めにとらえないようにした、もしそういうことをすると、その者を皆でなじった。小さい子どもが初めての鬼になると、大きな子供がわざととらえてもらって鬼になり他の者をとらえにかかる。こういうことは一種の不文律になっていた。[7]（宮本 一九七二b、一八五頁、宮本 一九六七c、一〇七頁）

宮本は言う。

母の子に対する教育は、子がよく働く子になってもらうことだけではなく、次には神を敬う人たらしめることであった。……われわれの子供の折までは、理にかなわぬこと、村の生活にそむくことをすれば、独り自分の親のみならず村人のだれでも子供をたしなめかつ叱責して怪しまなかった。親もまたこれを当然とした。しかるにいつか他家の子を叱れば、その親がかえって怒るようにまで変ってきた。子供を叱ることの許されているのは学校の先生と巡査と親だけになってきた。子供をおどす文句が「先生にいいつける」であり「巡査が来る」がこれを物語る。（宮本 一九六七c、六九、一五七頁）

当時は、子どもたちは子ども同士の関係をもつことによって連帯意識や集団行動を身につけ、親はなくとも子は育った。しかし、子どもの一人ひとりが親に属するようになると、両親が外で働くような家では子どもは一人で遊ばなければならなくなることが多くなった。宮本によれば、そういう子どもにとってすでにふるさとは失われている。ふるさとは「幼少時を遊んで育った世界」であり、都会生まれの子どもにとっては、すでに子ども同士の世界が乏しくなっている。こうして、子どもが親を独占し始め、「子供たちが村の子、社会の子、青空の子であるまえに、「家の子」になってしまっている」。そして、そのことが子どもを社会公有のものたらしめようとする観念を壊す結果となった（宮本 一九七二b、一八四、三〇〇、三〇一頁、宮本 一九六七c、二一三頁）。子どもは「受験のための競争はするが、自分たちが社会を作っていくための競争はしない」、させる場もなくなってしまった。子どもたちは学校の成績を競うようになってから、村の中からさえ、遊び場が消え、密接な人間関係の訓練の場が消えようとしている（宮本 二〇〇三b、四四頁、宮本 一九六七c、一一八頁、宮本 一九七二b、一八五頁）。

宮本によれば、こうした親子関係の背景には親子の断絶が存在する。この断絶を生み出したのは、親が自分自身の生活に自信を失っていることが大きな原因である。「後の者に何かを語りつたえようとする人には後来の者に寄せる信頼と愛情があり、自分のあるいてきた道に自信があった」。しかし、いまではそれはなくなり、学校教育は形式主義となって、実践＝体験よりも規範が重視され、庶民の生活とは必ずしも相容れないものとなった。「教育そのものが画一的になり、機械的になり、人が人のなかにあるものを呼びさましていくことよりも、教材によってただ知識を吸収せしめうるような教育」になってしまったのである。「愛情の前に利が考えられるようになってきた」のである（宮本 一九七二b、二八六、二八七、三一四、三〇七頁、宮本 一九八一、五五頁）。

宮本の感触では、民衆の生活面にとくに大きな変化をもたらしたのは学校教育であった。これまで、職業教師がいなかった若者宿では、年齢階梯制を中心に民間の年長者の教育指導が行なわれ、体験から出たもの、効果の上がらないもの、実行の不可能なものについて教えられることはなかった(8)（宮本 一九六三、一四八頁）。これに対して、学校教育の中では、職業教師が、親に孝行をしないでも孝行を取り出し、兄弟仲の悪い人でも兄弟仲をよくせよと教えた。自己の行動と生徒に教えることの間にひらきが生じ、実践すべきことよりも規範について教えられ、年齢よりも規範や権威が尊ばれるようになった。宮本によれば、学校出身者が一般の人より尊ばれるのは体験以外の規範を身につけているからであった。こうして、学校制度が年齢階梯的なものの上に権威主義的なものを付け加えることになったのである。そして、特権階級の子が中等・高等教育を受け、明治の終わりごろから中学進学者が若者宿へ入らぬことで一つの特権意識をもつようになり、「組の中にいて内部をよくしようとするのではなく、外にいて指導しよう」として、対立と矛盾を生むようになった（宮本 一九七六a、一一五頁）。その結果、子どもたちは「村と学校の二重生活」（宮本 一九七三a、一七八頁）を強いられるようになり、民衆の生活にあった慣習としての親子関係と制度としての主従関係の間に相異が生じるようになった。それは、また、日本人の世間意識と関係の深いウチとソト、ホンネとタテマエなどの二重倫理を増幅するものであった。

明治の学校教育は実学的であることを言いつつ、義務教育のために技術伝承がおろそかになる恐れがあり、長い間漁民の抵抗が強かったという。宮本によれば、修身科は、庶民の世界にも忠、礼、義、仁智などの儒教を背景にした武家道徳を導入しようとしたものであり、学校教育は国家の要望する教養を国民に植え付けることであった。それは庶民自身がその子に要求する教育とは違っていた点で大きな食い違いがあり、調整されず、学校における道徳教育が形式主義に流れ、村里のそれが旧弊として排撃せられつつ今日にいたった。明治以来の日本人の道徳教育が日本人の日々の民衆教育の中から必然の結果として生まれ出たものでなかったので、公と私のはなはだしく不調和な道徳に表裏のある関係が生じ、民衆は自らのもつ文化を否定することによって国家的権威に従属する結果となった（宮本 一九七六a、一九〇‐一九一頁）。明治になって生活結合による自治組織は著しく無視せられ、生活を無視して政治の行なわれたところに二重生活が強くなった原因があると宮本は見ている（宮本 一九七三a、一七八頁）。学問のもつ権威主義が特権階級の権力に結びつきやすい性格をもっていたのである（宮本 一九六三、一四九頁）。

社会教育学者の長浜功は、宮本の学校教育論に触れて、次のように述べている。「新しい教育制度は人間を育てるのではなく、出来るだけ生産を高める知識と技能を持つ人間をつくり出すこと」を目的とし、「学校は生活と労働をこどもから切り離す役割」を果たした（長浜 一九九五、一九七、一九八頁）。また、学校教育は、社会科など農村社会を批判的に見る目を聞きはしたが、農村をどのようなものにすればよいかという建設的なものは少なかった（宮本 一九六三、二一四頁）。そして、親たちは学校教育の幻影のためにシツケまで投げ捨てようとした。親は子を他人に任せることによって村人としての教育を実践させようとしたのである（宮本 一九六七c、一六二頁）。ここに、今日における家庭教育の衰退の萌芽が見られる。

宮本は言う。

集団はともすれば自己の利益ばかりを考えて、他の不利益を考えないエゴイズムに陥りやすいものである。これを自己の集団の地位を正しくしっかり見つめさせ、また他の集団を考え得るほどの力をもつようにさせるのは、教育の力である。真の社会教育というのは、こうした眼を開いてやることなのである。（宮本 一九七三a、一五六頁）

世の中へ処していくためには学校教育も大切だが、人間形成で一番大切なのは人間関係を学ぶ環境であり、そういう目に見えない言葉とか、ものの感じ方とか、考え方とか、それを提供する場である。教育は、資格をもつためにではなく、「人が人を啓発し」「人間としてすぐれた者になるため」（宮本 一九八三、一一六、一一七頁、宮本 一九八一、五六、六六頁）の人間教育の原点に戻るものでなければならない。「土着の思想とは土に密着するということではなく、自分の立っている場を基準として物を考えること」である（宮本 一九七二b、一七四頁）。

## 四　宮本民俗学とこれからの社会

### †宮本民俗学の評価

宮本の業績については、古くから、「ピースミール・シンキングを養う」という批判があり（藤田　一九六〇、四〇頁）、「まさにアマチュア」という指摘もある（長浜　一九九五、一五〇頁）。また、宮本の村落社会像は、彼が影響を受けたクロポトキンの社会哲学（自由発意、自由合意、個性の尊重、自由な団結）とは無縁で、その共同体論は物質的保障を得るための単なる互助機関にすぎず、つつましい欲求の持ち主である「小さき者」こそが反体制的という考えは見られないなどの批判がある（さなだ　二〇〇二、一九六頁）。そして、ここに紹介した宮本の日本像については、それが時代や場所を確定しないことから、学問としてのあいまいさを免れないことも事実である。それより何より、ここに描き出したものは、宮本が過去のある時期に見た日本の一部にすぎない。

しかし、彼が残した日本の民衆生活に関する研究は、日本の生活文化と社会の特徴を知る上で示唆に富んでいる。問題は、その成果をいかに活用してこれからの福祉社会の形成に役立てるかである。その点からすれば、宮本の研究は、民衆の生活を単に外側から見ただけの観察ではなく、民衆生活の内側から、その中にある基本的なものを取り出して、これからの日本のあり方を、生活の場から、労働や社会制度のあり方を含めて問い直したものとして評価できる。

宮本によれば、自前の文化の形成は単に生産だけの問題ではなくて消費のあり方や消費の場をいかにもつかということに密接に関係している（宮本　一九八三、一一六、一一七頁）。たとえば、宮本は、農協が農民の団体ではなく米の供出機関になったことに大きな問題があると見ている。昔は農民の中にさまざまな講があった。今は、農協ではなく、下部構造としての農民組合というものが農民の社会に見られない。上部構造としての農協はあっても、その農協は単なる事務団体になっている。農協が農政の系列の中に入ってしまい、農政や政治が「農民を人間として考えるということではなくて、けっきょく生産者としての農民ということだけを考えた」点に問題があると見ているのである（宮本 一九七二b、二三一、二五一、二五五、二六一－二六二頁）。

宮本が彼の民俗学的研究で摘出したように、相互扶助制と親方子方制は日本社会の二大制である（宮本 一九九四、二七頁）。それらは封建時代を通じて民衆生活の中に生きてきた慣習であると同時に、われわれは地方において小さな農業を営んできたその子孫である。小さい土地をもってそれを経営していくことは、条文化された制度ではなく、そういう条文をもたないでお互いの約束ごととかの中で生きていく一つの慣習である。その感覚は現在でも小さくとも持ち家取得を目指す意識などとなってわれわれの中に生きている。小土地所有という慣習がわれわれの体に染み付いていてどんな狭い土地でもそれを自分のものにして家を建てないと気がすまぬところに現われている（宮本 二〇〇二、二三八－二三九頁）。その結果、地方から出て来て都会に住んでも家と屋敷だけはもちたいという意識がだだっ広い市域を形成する原因ともなっている（宮本 一九七三b、四八頁）。宮本によれば、小土地経営は、自家所有、他人所有にかかわらず、ささやかながらそこに自主的な精神を育んできた。この小土地経営は、中世から現代へ受け継がれ、政治機構、社会制度は変わったが、その感覚は変らなかった（宮本 一九七三b、五七頁）。とはいえ、宮本の言う個人は、世間という集団の中で個性を有する存在と言うべきものであって、近代西欧に見られたような自己の内面的基準に従って生活を統一的に把握する自立的個人とは異なる。日本では、多くの民家でそっくりそのまま同じ間取りをもったものがないことから、宮本は、生活における個性の違いを主張する素地があったことを指摘し、日本における自我の目覚めはヨーロッパより古く、自我のあり方が違うという意味のことを述べている（宮本 一九七三a、二七頁）。しかし、それはあくまで個性の違いというレベルの主張であって、自立的個人の自覚の主張ではない。

### † 福祉の民俗学

宮本は、日本では付き合いの精神から生まれた他人を思う心は崩れつつあるのに、それに代わる制度がまだ存在しないことを憂えている。宮本は、これからの日本の課題として、日本人が抱く「庶民の仲間意識をもっとはっきりした組織にしていく」ことが重要だと考えている。宮本は、日本人の仲間意識が、ミウチだけに通じる狭い意味での相互扶助ではなく、他人にも福祉を及ぼす普遍的なものになるべきことに気付いているのである。宮本によれば、「村里内の生活慣行は内側からみてゆくと、今日の自治制度と大差のないものがすでに近世には各村にみられ」たことを指摘している（宮本 一九七三a、七三頁、宮本 一九九七b、四一頁）。そうした自治の伝統の上に立って、こうした生活慣習や自立的小経営は、日本において古くからある相互扶助の精神と共鳴して、これからの福祉文化の基礎を形成する自立と連帯の精神を養う素地を提供するかもしれない。しかし、そのためには、地域における互助行為の交換学習や体験学習、地域リーダーの養成をはじめとする社会教育を活発に実施して、組織、情報の基盤の上に、行き過ぎた公益追求や私益追求に陥らないように、公と私の中間領域としての「共」領域の開発などを積極的に行なう必要がある。ボランティア活動などに報酬として支払われる地域通貨や高齢者生協、その結果として形成された住民の互助ネットワークなどは、言わばその一つの成果であり（恩田 二〇〇六、四四四‐四五三）、相互扶助の精神はセルフヘルプグループを発展させる可能性を秘めている。

一方で、わが国には、「人格の尊厳という概念が日本人の中で容易に内面化してこなかった」という問題がある（作田　一九九六、四九頁）。これからの協同組織の中核をなすアソシエーションが人権を実現する人間関係として意味をもつためには、人びとの間に自立的な個としての自覚が形成されなければならない。個人というのは、基本的人権の成立や確立と関係させて捉えられて初めて意味をもつのであって、そこから普遍性をもつつながりとしての「仲間」の形成も可能になる。これからの福祉社会において重要なのは、一人ひとりの独立した生活が保障されることである。

宮本は次のように述べている。

日本の古い支配者の中には「自分だけは別だ」という意識が強かった。今もその意識は強い。その中からほんとうの連帯感は容易に生まれるものではない。しかも、その連帯感は、人間はみんな平等なのだ、生きるということ、生きなければならないということ、生きのびなければならないという共通の意識の上に立っていることによって生まれる。（宮本　一九九三b、二〇八頁）

宮本によれば、一つの村は隣近所との村とは対立するかもしれないが、もっと遠い世界とはつながっている。隣村との関係を断ち切るのはそう難しいことではない。お互いがどこで共通意識をもっているかということを自覚すれば、それは解けてくる。些細なことで対立しているにすぎない（宮本　一九七三a、六一頁）。生活の場を通じて、「民衆の智恵」（宮本常一）を中心に、人間的共感（支え合い）に基づく個人の尊厳と自立を目指す人間教育と活動が必要である。(9)

言うまでもなく、福祉文化の基礎には「生活」がある。福祉文化とは何かという点については、「福祉の文化化」「文化の福祉化」（一番ヶ瀬康子）などを中心にさまざまな形で論じられてきた。そこで問題となっているのは、生活の質、人権、ボランタリーな互助、共生、コミュニティ、個の確立、ネットワーク、アソシエーション、自己実現、多様性などである。とりわけ重要なのは、これらを構成要素とする福祉社会を経済効率優先主義が支配する現代社会の中でいかに実現するかであり、福祉文化を担う主体とは何かを問うことである。そのためには、日本社会の特質、とくに人びとに共有された、生活様式や行動様式、社会の価値や習慣を明らかにすることが必要である。この意味で、日本文化の基層を問う宮本の民俗学の立場からの生活の探究は、福祉社会の形成に重要な意味をもっている。宮本がわれわれに残した生活分析の視点、とりわけ日本人の人間関係の底に潜む慣習と価値観が文化に及ぼす影響は、福祉文化の基礎を考察する「福祉民俗学」としての役割を果たす可能性をもっている。

(1) 宮本は、封建時代の農民は強い連帯意識をもっていたが家意識は決して強くなかったと考えている（宮本 一九七三b、三一頁）。民衆の世界では、武士的エートスである忠・孝より仲間意識が強く、武家政権の底には、武家が固めた政治機構とは別にもう一つの庶民の社会があって、それは伊勢信仰を通じて中央（京都）へ結びついていたというのが宮本の見解である（宮本 一九七五a、一六二頁）。若者組に郷士を含んでいた鹿児島地方を除いて農民のみによってできている若者組の条目の中には武士に対する服従や忠義を誓った条項がほとんど見当たらぬのである。

(2) 要するに一人ではだめなのである。みんなが力を合わすことだ。ただお祭りに参加するだけでなく、自分もその中の一人として参加することによって自分も本等に心が躍るのである（宮本 二〇〇三b、二八頁）。また、宮本は、自動車がたくさん通ることによって子どもの遊び場が失われ、それが仲間意識を壊すもととなると述べている（宮本 一九七三a、六〇頁）。

（3） 村の座では二十歳から、父のいない場合は三歳からでも行ける権利があり、子どもが十四、五にでもなっていると、村の者が共同の山仕事に連れて行って一人前の賃金をもらってやる。また、暮らしに困った者があると、区の者が米をやり、祭りにはたくさん乞食が来たので、そのために米二斗ぐらいをとっておいた（宮本 一九八九、七三、七四頁）。

（4） 宮本によれば、村落共同体を背景とした「体験的な平等思想に理論的な規範的な平等観を植えつけたのが仏教者であった。とくに平安時代の中頃までの僧侶の出身が、社会的に見て中流または中流以下のものの多かったということが、僧侶をして民衆の味方たらしめ、ことに民衆の眼をひらいていく大きな力をもつこととなった」（宮本 一九六七b、六六頁）。

（5） 宮本によれば、僻地という言葉は日本以外ではほとんど使われていない。日本は農業国で定住するが、定住せず移動の生活を送る中央アジアの人にそれはない。

（6） 渋沢敬三は、宮本に次のように言ったという。「自由業はいけない。自由のようで、人に利用されるだけでいつの間にか自分のゆく道を見失う」と（宮本 一九九三b、一九六頁）。

（7） 性格の決定は幼少時の環境によるところが多い。宮本によれば、「糸毛毬がゴムにかわったのは大正の終わりであった。よくはじいて高く上るようになると、あやの多いつき方が行われはじめて、古い毬つき歌は次第に廃れて来た。そして美しさを楽しむような気持ちから運動へと展開した」。また、お手合わせや綾取りなど「女の子の遊びは総じて静的であり少数でするものが多かった。それだけに、これによる団体的な訓練のなされることは少なかったが、やさしく美しい心がやしなわれて行った」（宮本 一九六七c、一一九－一二〇頁）。

（8） 小学校の級長は村へ帰っては必ずしも子ども仲間の大将とは決まっていなかった。学校で得るものは知識であって生活体験ではなかったからである（宮本 一九六七c、一六二頁）。

（9） 宮本が女性について述べているところはそれほど多くないが、次のようなことを書いている。明治五年の戸籍では、戸主の次に隠居した両親がいて、その次に妻がいた。しかし、江戸時代の宗門帳では戸主としての夫、次に女房の名前、子や隠居した父母は戸主夫婦の次か一番しまいであった。妻は夫と対等であり、女戸主もいたし、江戸初期の備中真鍋藩には女の庄屋もいた。民間には儒教的なもの、武家的なものとは別個な世界が存在し（宮本 一九八四a、二九九頁）、家々の付き合いや儀礼的なこと、家の作法はほとんど女のほうが心得ていて、日本の農家を伝えていったのは女であった（宮本 一九七三b、六八頁）。夫の出稼ぎのときに、妻はほとんど家にいて、農耕に従い、その間に子ども育て、部落や親戚の義理も果たしていく。宮本は述べている。「かくて女が多くの知識を持ち、自主性を持ち、あるかしこさを自らの中に培うていくのは当然のことであると言わねばならない。かかる生活において女が娘時代に女中奉公に出ることは実に深い意義を持っていたというべきである」と（宮本 一九六七c、七七頁）。

# 第六章　柳田國男と常民
——基層文化の探究——

## 一　柳田國男の民俗学と「常民」

### †日本人の自己認識

日本文化の再発見にその生涯を捧げた、日本民俗学の創始者柳田國男は、日本文化の基層とその特徴を明らかにするために、「常民」という概念を媒介にして日本人のさまざまな生活事実、とりわけ行事習慣の解明に立ち向かい、その研究は、宮本常一の出発点ともなった。彼が研究の手段とした「常民」概念については、柳田自身がその内容を明確にせず、時によって異なった意味で用いていることもあって、これまでさまざまな議論が行なわれてきた。

鳥越皓之は、常民研究の従来の流れを、①山人と区別した常民、②上層と区別した伝承文化を保持する大衆や庶民、③伝承文化とほぼ同義の文化概念としての常民、④文化概念に「常」など新しい要素を加えた常民の四段階に分類し、新たに「自然人としての常民」という概念を設けて、次のように述べている。

常民概念は、集合主体レベル、文化レベルでのみとらえるのではなく、個別の生存主体としてのワレからはじまり、それが私的世界を越えて公的世界に開かれたときにはじめて集合主体や文化主体として現象すると理解した方がよい。（鳥越 二〇〇一、三五頁）

鳥越の提案は、自らの環境社会学に近づけて「常民」を解釈したものであり、それは現代の日本社会が直面する環境や公共性の問題を考える上で重要な意味をもっている。(1)

柳田國男は、農政学を出発点として、民衆の生活の知恵が豊かになることを願って、民俗調査に着手し、その対象を郷土人による郷土の研究から国民社会に拡大した。その方法は、文献資料中心の立場ではなく、日常生活に存在する無意識の伝承を対象として、日本人の思考や感覚の根底にあるもの、生活の中で形成された思想以前のものの考え方、歴史を通じて引き継がれた日本文化の基層を解明しようとするものであった。ここに、民俗とは、民間習俗の意味であり、地域の心的風土と関係した「生活様式としての社会習俗」（岩本 一九七七、二六頁）、生活の中に繰り返し現われる類型化された生活文化を指している。

柳田の民俗学は、日本人の自己認識の学問であり、日本人のエートス（Ethos）としてのものの考え方、日本人の気風（mentality）、生活態度（attitudes）を究明することを目的とし、文献を中心に社会の実年代的展開を解明する史学とは異なり、民俗を中心に生活様式の類型的序列を示すものとして（後藤 一九七二a、三三頁）、個人や時代を超えた伝承文化、日本社会の根底を流れる地下水、あるいは日本人の遺伝子とでも言うべきものを解明しようとするものであった。

したがって、常民とは、特定の階級や身分と結びついた実体概念ではなく、民俗の担い手としての「コモン・ピープル」、日本人から特殊性を除去して形成された文化概念であり、地域や階層などによる区分とは異なる、生活の中で示される民衆の生活意識を追求するための理念型の一つであった。(2)

ここから、民俗学は、常民を研究するのではなく、民の「常」(時間的には恒常性 constancy、空間的には凡常性 popularity)を研究するものであり、常民とは「常民性」をもった人びとであるという竹田聴洲の解釈も生まれる(竹田 一九六七、四 - 六頁)。

### †都市と農村

ところで、こうした文化概念としての常民概念には、村落民俗学から都市民俗学が生まれる可能性が含まれていた。柳田國男は、都市は農民の「従兄弟」によって形成されているものとして、都鄙連続体論の立場にあった。柳田は、『都市と農村』(一九二九年)の中で、都会人の始まりとしての京童の「責任を負はざる無名氏」という点について、次のように述べている。

全体に気が軽く考が浅くて笑を好み、屢々様式の面白さに絆されて、問題の本質を疎略に取り扱ふこと是が一つ、群と新しいもの、刺戟に遭ふとよく昂奮し、しかも其機会は多く、且つ之を好んで追随せんとしたが故に、往々異常心理を以て特殊の観察法を示唆せられたこと、是がその二つである。次には何に使つてよいか、定まらぬ時間の多いこと、さうして何か動かずには居られぬやうな敏活さ、是が亦容易に他人の問題に心を取られ、人の考へ方を自分のものとする傾向を生ずる、それから隣以外の人に一時的の仲間を見付ける為に、絶えず技能を働かせ又之を改善せんと努めること、即ち大抵の童児には兼ねて具はつて、之をよく育成すれば公の力となり、悪く延ばせば弥次馬の根性ともなるものを、特に境遇によって多量に付与せられて居たのが京童であった。村に留まつていつ迄も耕作の業に携はる人々は、彼らとは正反対に、殆どさういふ気質を養ふべき機会を知らなかつたのである。（柳田 一九九八a、一二三頁）

そして、「私の想像では、衣食住の材料を自分の手で作らぬといふこと、即ち土の生産から離れたといふ心細さが、人を俄に不安にも又鋭敏にもしたのでは無いかと思ふ」として、都市と農村の違いを示唆している（柳田 一九九八a、一九一頁）。

農村は、総じて、農耕という生産を中心とした社会であるのに対して、都市は、多数の職業階層（職人、商人、サラリーマンなど）から構成される多様な社会であり、階層ごとに異なった生活文化を有している。ここから、都会人は常民ではないのか、村人は果たして均質と言えるのか、民俗の収集は古老から聞き取るだけでよいのか、中央から遠く離れた僻地には古い文化が残っているという見方は根拠があるのかなど、民俗学のこれまでの方法に関する疑問が生じ（岩本 一九七七、二六―二八頁）、後に、地域の構造を民俗の伝承母体を取巻く歴史的環境と関係させて解明しようとする都市民俗学が生まれた。

また、近年の傾向として、日本の民俗を近隣諸国の民俗と比較する「比較民俗学」や、在日韓国・朝鮮人、被差別部落、アイヌなど差別されてきた人びとの民俗を探る方向も出ている。

## † 近代化とイエ

玉城哲によれば、柳田國男の出発点は、「一方では西欧的物質文明をうけ入れながらも、民衆生活の基底のところではそれを拒否し、市民社会の原理とは違った生活の筋道を維持している日本とは何か」ということであった。柳田はその意味で、「西欧的近代をいったん理念型としてうけ入れたのち、これとはあい容れぬ日本を別の理念型としてえがきだそうとした」のである（玉城　一九七七、一三五頁）。一九五八年の桑原武夫との対談で柳田が述べた「私はモダンになりきらないいんですね」（柳田　一九六四b、二四〇頁）という言葉は、柳田の単なる心情告白にとどまらず、明治国家が推進した「近代化」に対する批判の意味を含んでいる。柳田國男は、「国史と民俗学」（一九三五年）の中で、「都会は以前の市の大きくなったもので、今以て冷淡なる異郷人の臨時の集合処たる状態を抜け切れないが、村落の結合には薄れつゝもまだセメントが残って居る」（柳田　一九九八c、一一七頁）と述べ、ムラの人間的結合の存在に将来の発展の可能性を見出そうとした。そこには、産業化の中で日本独白の近代化の方向を探ろうとする、歴史的発展の「内発性」に着目する姿勢が見られる（鶴見　一九七二、六一－六七頁）。その一つの典型的な現われが柳田のイエに関する理解であった。

橘川俊忠によれば、柳田にとってイエとは、単に人びとが生活する場であるにとどまらず、先祖と現在生きる人びとと子孫とが祖先崇拝を媒介として結合される精神的共同体であり、それは日本人たることを自らに説明するための根拠となるものであった。つまり、橘川によれば、柳田は、イエを単に個人を外から規制抑圧する制度として捉えるだけではなく、人びとがそこで生まれ育ち、先祖を媒介にして自己を歴史の中に位置付けることによって現実に生きる力を与えられる場として捉えられ、イエの継続とはそうした精神的態度を維持培養することであった（橘川 一九八〇、九六―一〇七頁）。すなわち、西欧においてゼクテ（宗派）が近代資本主義を成立させたエートスの乗り物であったと同様に、イエは、日本的エートスの培養基として位置付けられたのである。次に、柳田の常民概念の特徴を、マックス・ウェーバーとの対比において明らかにしておこう。

## 二 マックス・ウェーバーの「エートス」と柳田國男の「常民」

### † 歴史の継続と変化

ウェーバーが近代西欧の文化的特性を認識するための手段として、社会の共通分母としての人びとの生活態度を把握するために「エートス」という概念を用いたことはよく知られている。エートスという概念が、社会構造の全体を認識する手段として有効なものであるための第一の条件は、当のエートスそのものが、社会を構成する原理として普遍的な意義をもち、社会の継続的な仕事、言い換えれば社会の「日常的機能」を運営する役割を果していることである。

エートスという語を倫理的な意味で初めて用いたアリストテレスによれば、エートスは、徳や倫理を具体化、血肉化したもの、性格と化した倫理というように定義することができる（内田芳明 一九六八、二〇頁）。したがって、エートスとは、「日常倫理」、すなわちわれわれの日常的生活行為を支配する道徳的原理を指している。柳田は、歴史を通じて変化せざる固有なものこそ、歴史の変化をもたらすものであり（神島 一九六一、一八頁）、さまざまな条件の変化のもとで固有なものがいかにして維持されるかという点に重点を置いて歴史を捉えた。もちろん、ウェーバーの場合にも、これと似た見解がないわけではない。しかし、彼の場合は、どちらかと言えば、古いものから新しいものが成立してくる過程に重点を置いて歴史を把握している。つまり、柳田は歴史の「継続」に、ウェーバーは歴史の「変化」に重点を置いているのである。

### †歴史形成の主体

両者のこうした相違は、「非日常的なもの」と「日常的なもの」との解釈にも示されている。柳田には、「ハレ」と「ケ」という、それぞれ非日常性と日常性を示す言葉があった。桜井徳太郎は、柳田においては、「ハレ」と「ケ」の関係は、「ハレ」が「ケ」の機能を維持する点に力点を置いて捉えていることを述べている（桜井 一九七四、二二四頁）。これに対して、変化を重視するウェーバーの場合には、非日常性の役割は日常性を内面から変革する点に重点が置かれ、非日常性と日常性の緊張関係が表面に出ている。だから、日常的行為に関する道徳的原理としてのエートスが歴史変革の原動力として作用するためには、エートスは自らの内部に、日常性と非日常性という互いに矛盾するものを含んでおらねばならず、エートスは、非合理的なものと合理的なものとが即自的に結合されたものとして捉えられている。

ここから、歴史を通じて変化せざるものの究明に力を注いだ柳田の場合には、歴史形成の主体は必ずしも明確でないという点が指摘される。(3) それに対して歴史の変化に重点を置くウェーバーの場合には、歴史の形成主体を明確にすべく、エートスの現実的担い手としての「社会層」という、階級とも身分とも異なる概念を設定し、歴史的変化の前後をつなぐ現実的主体としての市民階層を、それが構成する具体的な集団（都市やゼクテなど）との関係で捉えようとした。

最後に、柳田の歴史的把握の欠点として、支配や権力に関する考察の欠如、たとえば農民にとって重要な意味をもつ年貢などに関する考察が欠けていることが挙げられる(4)(安永 一九七二、一七九‐一九七頁)。一方、ウェーバーの場合には、エートスという概念は、「支配の社会学」に示される正当性信念(「伝統的支配」「カリスマ的支配」「合法的支配」)の基礎をなすものとして、単に個人の行為を内面的に支える個人的倫理であるにとどまらず、「制度をつくり、制度の中に働く精神」として、歴史における個人と制度の関係を同時に捉えようとしている(内田芳明 一九六八、三八頁)。

## 三　日本の近代化と個人

### † 共同体と資本主義

丸山眞男によれば、明治以後の日本の近代化の過程は、中央を起動として官僚制が地方と下層に波及するプロセスと、「ムラ」や「郷党社会」をモデルとする人間関係や制裁様式があらゆる国家機構や社会組織の内部に転位するプロセスとの往復の過程であった。その結果、日本における組織や集団は、機能的合理化とそれに基づく権限階層制が家父長的・情実的人間関係と併存しているという特徴があった(丸山 一九六一、四七頁)。農村社会にとって、市場は外周的存在にとどまり、農村社会の内部では、現物経済とイエを中心とする人格的な関係が支配した。一見共同体の残存と見えるもの(イエ制度とその擬制、稲作のための水利組織や林野利用のための共同組織など)は、実は、人間が自然の中で生きる上で最小限必要な協力関係であり、労働共同組織という本来の共同体と言えるものではなかった(松本健一 一九七七、七三頁)。

玉城哲によれば、近代社会に残存する共同体的なものは、資本が必要とする範囲内で存在したのであり、農民は、部落を単位としたまとまりで市場経済への適応をなしとげたのである（報徳社、信用組合、産業組合など）。生産力の発展によって生産そのものは個人単位に変わり、共同体は崩れても、共同体感覚としての生活慣習や生活感情などは残存し、農村から労働者が都市に移住する中で、ムラ的思考様式や行動様式は日本社会全体に拡大した。それは神島二郎の言う「第二のムラ」となって日本社会を覆い、村落特有の二重倫理（対内倫理と対外倫理）が支配して、集団利益の追求を通じての私的欲求の実現という、非倫理的な利害追求が行なわれがちであった（玉城 一九七八、一四、四四頁）。

こうして、日本の資本主義は、人格的服属関係を維持しながら、というよりむしろ、それによって推進される形で実現されてきたのであり、近代資本主義が西欧に誕生した時代はともかく、いったん成立した資本主義を営むエートスは、必ずしも近代西欧に見られる個人主義的色彩を帯びたものである必要はなかった。資本主義を動かすのは、人びとを積極的な利害追求へと駆りたてる推進力と、権限階層制に基づく組織維持原理が存在すれば十分だったのである。

## † 個人と協同

これからの福祉社会の形成において重要な意味をもつのは、個人意識の確立である。介護における個人意思の尊重や家族関係そのもののあり方など、個人を中心とするものの見方が定着し、その上に立って自立支援を行なうことが福祉文化の基軸である。

柳田國男は『明治大正史　世相篇』（一九三一年）の中で、衣・食・住の視点から、家と個人の問題を取り上げ、日本においても、近代になって個の自由や空間が着実に拡大したことを述べている（柳田 一九九八b、三四一－四一六頁）。しかし、それは個人というにはあまりにも集団に埋没した存在であり、自立的個人とはほど遠いものであった。個人理解に関するこの点は、先の宮本常一にも共通している。

一方で、柳田は、戦後、川島武宜との間で行なわれた対談「婚姻と家の問題」（一九四九年）の中で、これからは社会組織として「友達」の問題が重要であることを述べている。これは、戦前の教育勅語に欠けていた公共道徳や連帯のモラルの必要性を意識して、これからの社会組織を形成する基盤として、人間のヨコのつながりとしての友達の意義を指摘したものである（柳田・川島 一九六四ａ、一五九－一七四頁）。こうした協同性に関する柳田の姿勢は、初期の農政学にも見られ、前代から引き継いだ有意義な伝統を近代的なものに改変しようとする意図が込められている。岡田良一郎との間で行なわれた報徳社の役割をめぐる論争にそれが端的に示されている。そこでは、柳田は、報徳社の精神団体としての倫理性を説く岡田とは対照的に（岡田は、信用組合は実利を主とし、報徳社は道徳を主とするとしている）、経済と倫理の一致の上に立って、報徳社を協同と自助の精神を発揮するものとして、信用組合へ転換する理論を展開している（柳田 一九九七、三三七－三六八頁）。これからの社会で重要なのは、自立的個人の形成を促進する自立支援を行なうための現代的な協同組織をいかに形成するかであり、柳田の友達や報徳社に関する見解は、これらに関する先見の明をうかがわせる。こうした点から、宮本常一の民俗学も、柳田の右のような視点を受け継いで、日本に残る相互扶助の伝統を探ったものということができる。

### † 柳田國男の方法意識

柳田國男は、一九四三（昭和十六）年に発表された「女性生活史」という論考の中で、当時誕生した今和次郎の「考現学」と民俗学との関係を問われて、次のように述べている。

目的からいふと、こちらの方が大分狭いと言へるかも知れません。民俗学も同じく現世相に対する疑惑から出発はしますが、主として其原因の国の歴史の中に在るものを探らうとするのです。昨日も今朝も過去だから歴史として取扱へばよいやうなものですが、そんな必要が無いから通例は歴史の中へは入れません。前からの連続が切れ、くり返しが止まって、棄て、置けば忘れるかも知れないもの、又現にもう忘れかゝって居るものだけを、我々は歴史と呼んで居り、それを明らかにしようとして居るのです。（柳田 二〇〇三、三七七頁）

つまり、柳田は、現代を出発点としながら、常民という概念を用いて、歴史の変遷を通じて変化せざる固有なものを追求しようとしているのである。

丸山眞男は、「歴史意識の古層」（一九七二年）という論文の中で、過去の歴史書という文献を対象として知識人の意識構造を解明し、「つくる」というユダヤ・キリスト教に見られる主体、目的意識性に対して、日本では「つぎつぎになりゆくいきほひ」という意識が日本人の古層にあることを示している（丸山 一九九二a、二九一―三三一頁）。丸山は、「理論・学説・教養あるいは世界観というものによって方向づけられない実感は「盲目」である」（丸山 一九九二b、三七四頁）と主張する一方で、研究の対象を明確に限定した上で、歴史意識の古層を、「持続低音はそのままでは独立の楽想にならない。主旋律のひびきを変容させる契機として重要なんですね」（加藤・丸山 一九九八、二四四頁）と述べている。これに対して、柳田の場合は、伝承の中から日本人の中にある意識の古層（あるいは基層）を捉えることを目指した。それは、研究対象が限定されずあいまいであるという批判を免れないが、民衆生活を動かすエートスやパトスを捉えようとする志向がうかがえる。

ウェーバー社会学の目的は、近代西欧にのみなぜ近代資本主義が成立したかを明らかにすることによって、西欧文化の特徴を見出そうとするものであった。ウェーバーにとって問題はあくまでも西欧であり、それ以外の地域は、西欧における資本主義の成立を解明するための単なる「傍証手段」にすぎなかった。これに対して、柳田國男の場合は、近代西欧の目から見れば、「残留」とか「持続」と映るものも、単なる残留ではなく、むしろわが国の本質的部分を構成するものだとすれば、日本を捉えるためには、西欧の社会科学とは異なる把握の方法と概念が必要になると考えたのである。その方法意識は、これからの福祉社会を現実化させる主体の存在を問題にする上で有意義である。

柳田の常民概念には、政治的な「支配‐被支配」の関係を捉える構造的視点が欠けており、日常倫理の中に権力が存在する支配の構造を把握できないという問題をもっている。とはいえ、そこには、生活を捉える方法意識の独自性や友達や協同性など、今後の社会のあり方を探る上で多くの重要な視点を提供している。

(1) 後藤総一郎も、「柳田における学問の主題は、人間の研究であったが、それは自然との相互作用の中に追及されたのである」と述べている(後藤 一九七二b、四九頁)。

(2) 常民は、実体的には、「木地屋とか毛坊主のような農業以外の仕事に携わる人をはずした農業の内側にある人々」が念頭に置かれ(柳田國男)、「生産に携わっている人のすべて」(渋沢敬三)を指す場合があり、宮本常一は渋沢に近い考えをもっていたものと思われる(長浜 一九九五、一五八‐一六〇頁、宮本 一九七九、四四、四五頁)。

(3) 柳田にとって祖先崇拝の担い手が定住小農民であったことは間違いない(有泉 一九七三)。しかし、伊藤幹治によれば、個別的実体概念としての農民と常民とは異なるものであり、前者の活動舞台が、都市と農村を含む地域社会としての郷土であったのに対して、柳田の言う常民は、郷土を部分社会とする全体としての国民社会を活動の舞台とする、抽象化された概念であり、それは抽象的な人間以外の何ものでもなかった（伊藤 一九七二、九頁）。そして、歴史の継続性に重点を置く柳田國男の場合には、文化運搬者としての漂泊者の役割もしょせん限られたものにとどまらざるをえなかった。

（4） また、丸山眞男は日本の村落共同体について次のように述べている。「この同族的（むろん擬制を含んだ）紐帯と祭祀の共同と、「隣保共助の旧慣」とによって成立つ部落共同体は、その内部で個人の析出を許さず、決断主体の明確化や利害の露わな対決を回避する情緒的直接的＝結合態である点、また「固有信仰」の伝統の発源地である点、権力（とくに入会や水利の統制を通じてあらわれる）と恩情（親方子方関係）の即時的統一である点で、伝統的人間関係の「模範」であり、「國体」の最終の細胞をなして来た」（丸山 一九六一、四六頁）。すなわち、村落共同体は、権力支配と温情主義が統一されたものとして捉えられているのである。

# 第七章　二宮尊徳と報徳仕法

——コミュニティ・ディベロップメントの源流——

## 一　報徳仕法と報徳運動

### †二宮尊徳の評価

社会福祉学の岡村重夫は、社会福祉の発展を、「法律による社会福祉」と「自発的社会福祉」の緊張関係による批判的協力によってもたらされるものとして、「自発的社会福祉」の主要な典型の一つに「相互扶助」を挙げている。岡村によれば、相互扶助は、成員間の仲間意識すなわち対等の同類者意識、平等の上に立つ連帯であり、生活困窮ないし生活の破綻を予防して正常な社会生活を円滑にするという予防的機能を有している。とりわけ、ヨーロッパの場合には、相互扶助と自治との関係が重視され、岡村は、相互扶助が有するこの積極性に着目して、生活困窮者に対する直接的援助の原理にとどまらず、根底的な社会改造の原理たらしめる主張の一つとして、わが国における二宮尊徳の報徳仕法による地域開発の理論と実践を挙げている[1]（岡村 一九八三、二－一一頁）。

二宮尊徳（一七八七－一八五六）は、古くから、歴史学・教育学・経営学などさまざまな分野で幅広く研究され、社会福祉の分野でも、明治時代から留岡幸助や石井十次などの思想や活動に大きな影響を与えた。近年では、尊徳は、行政改革や地域主義、アントレプレナーやマイクロクレジットの先駆者として位置付けられることもあり、二〇〇三年には「国際二宮尊徳思想学会」が設立され、中国などで農村再建の実践家として注目を浴びている。

尊徳が、いわゆる「報徳仕法」で目指したのは、貨幣経済の発展で疲弊した幕末期の農村の再編成の要点を自立に求め、民衆の心田の開発、倫理と勤労意欲の掘り起こしに努めたことである。その際に尊徳が採った方法は、今日で言うコミュニティ・オーガナイゼーションやコミュニティ・ディベロップメントの嚆矢とされる。

尊徳や報徳思想の評価は、これまで複雑な経過を辿ってきた。二宮尊徳が活動したのは、封建制度の破綻が進み、農村の貧困が拡大した時期である。彼は、「安民富国」の立場から、農民や下層武士を商業的金融資本による高利貸付から守り（二宮 二〇〇八、七一頁）、農業生産力の低下を防止することを目指して、六百に及ぶ農村の立て直しを図った。

尊徳の没後、報徳思想は、安居院義道（一七八九－一八六三）・富田高慶（一八一四－一八九〇）・斉藤高行（一八一九－一八九四）・福住正兄（一八二四－一八九二）・岡田良一郎（一八三九－一九一五）らの弟子たちに引き継がれ、変形と発展を遂げた。一八八〇（明治十三）年には富田高慶が著した『報徳記』が明治天皇に奏覧され、一八八三（明治十六）年に宮内省から出版され、一九〇四（明治三十七）年には、尊徳が独立と勤勉の修身の象徴として国定教科書に登場した。その後、報徳思想は、日露戦争後の経済の建て直しと社会の再編を目指す内務省主導の「地方改良運動」[2]や昭和恐慌の打開期の「農山漁村経済自助更生運動」における政策理念として活用された。そして、大正末期になると小学校の校庭に二宮金次郎像が建てられ、帝国小臣民として、国民を戦争へ動員する精神的役割を果たした。しかし、第二次世界大戦後には、二宮尊徳とその思想は国家主義の象徴として、歴史学や教育学の分野で戦争加担への批判と反省が行なわれた（静岡 一九九六、一二八頁）。

明治以後の報徳運動は、尊徳の少年時代の二宮金次郎像のみに着目して、質素・倹約・勤勉を奨励する官製運動に迎合して自己を主張する傾向があり、このことから尊徳死後の報徳解釈は、ある意味ですべてが「適合報徳主義」（前田寿紀）であったとする説もある（見城 二〇〇九、三六三頁）。このように、報徳運動は、政治に利用されやすい側面があり、そのことが尊徳自身の評価にマイナスに働いたことは否定できない。

しかし、その一方で、報徳思想は、民衆自身の内発による自主運動という一面をもち、その体現としての報徳社は生活の互助組織として、広く深く村落共同体の中へ入り込み、民衆の生活態度や地域組織のあり方に影響を与えた。また、経済界でも、渋沢栄一・安田善次郎・豊田佐吉・御木本幸吉・鈴木藤三郎などの実業家の起業や経営理念に大きな影響を及ぼした。そして、民衆生活の互助組織としての報徳社は、最盛期には、静岡県を中心に、千二百社を超え、報徳社の連合組織である「大日本報徳社」の本社が掛川に置かれた。

その後、報徳社は、さまざまな経過を辿りながら、第二次世界大戦後には、社会構造の変化だけでなく、戦争に利用された暗いイメージなどがあり、その数は減少した。とはいえ、近年でも百四十社近くが存在し、そのうち戦後に誕生したものが四十社ある。川野祐二の調べでは明治・大正期に設立され、現在も活動している公益法人は五百六十五あり、そのうち報徳を冠するものが九十一と、実に近代に設立されたものの六つに一つを数えている（川野 二〇〇七、一一七頁）。報徳社が衰退した原因については後に考察するが、一方では北海道の漁村など近隣の住民が協力しないと生活を営めない環境の厳しいところでは、現在も盛んであり、他の過疎地でも村おこしの理念として報徳思想が見直されたりしている（静岡 一九九六、一〇九頁）。

尊徳の思想の魅力の一つは、一人の人間としての厳しい生き方が報徳仕法という経営の技術を貫いて存在している点であり、通俗的な実学に終わっていないことである。尊徳の思想として語られるもののうち、どこからどこまでが尊徳自身のもので、どこまでが弟子たちによるものかを正確に判断するのは難しい。一方では、尊徳の思想そのものよりもその後に発展した報徳社運動を評価する意見もある。

しかし、いずれにしろ、農民の思想でこれだけ大きな影響を後世まで残したものは珍しく、生活の中から生まれた思想が個人としての倫理や企業の経営理念に及んだことから、尊徳の思想と業績を民衆の主体性の確立と地域開発などの面から問い直してみるのは無意味ではない。

ここで取り上げるのは、①社会福祉の原点とも言える尊徳の人間的主体性の思想、②地域開発の主体としての報徳社の理念と活動、③報徳社衰退の理由と報徳思想の現代的意義などである。尊徳と報徳思想の評価については、それが歴史的に果たした役割や結果を重視し、そこに限界を見るべきだとの見解もあるが、一方では、思想の原理的側面からの評価も重要であり、その見直しは社会福祉の今後の発展に有意義だと考えられる。

### † 行政式仕法と結社式仕法

報徳仕法について、福住正兄は、『富国捷径』（一八七四年）の中で次のように述べている。

むかし領主・地頭の立場から下民に施行したときは興国安民法と称し、下民が相結んで行うときは報徳法という。上から行うのと、下民同士が申合せで行うのとの相違だけである。……私は、報徳の道をひろく世上において広めるには結社法にするのが一番よいと愚考し、これを師にただしたことがある。たまたま師が下館藩のために設けられたその方法を、信友講と名づけられた。これが報徳方法に講名をつけられ、会社（結社というほどの意味）の姿にされた始めというべきである。……結社法の始まりというべきものは信友講である。……時勢の変遷とはいえ、烏山・下館・細川候などの仕法が現に行われなくなったのは、官の立場から下に施す方法だからである。……しかるに結社の方法にいたっては、今も現に行われて、相・豆・駿・遠その他の諸州に盛んである。（福住 一九五八、一八〇頁）

報徳仕法には、「行政式仕法」と「結社式仕法」の二つがあり、前者は主として尊徳や彼の娘婿の富田高慶によって実施され、後者は安居院義道・福住正兄・岡田良一郎ら尊徳の弟子たちによって行なわれた。行政式仕法は、民あってこその君主であり、臣は君から得た官職と俸録を用いて民に善政を施すという考えのもとに行なわれている。しかし、その一方で、尊徳は、自助・互助を一家復興の柱として、一族一家主義→村内一家主義→四海一家主義などの考えをもち、改革を継続させるためには、お上の施与を求める姿勢や上からの指示だけでは困難で、その前に共同体としての助け合いが必要だと考えた。そして、村人に自助・互助を意識させ、名主ら指導者の自覚を高め、推譲を推進した（二宮 二〇〇八、二八、四三、一四二頁）。こうした結社式仕法の最初のものが、一八四三（天保十五）年に設置された下館信友講である。これは、一八二〇（文政三）年の小田原五常講を一歩前進させたもので、講員は藩士であったが、各人が毎日四文を積み立てて資金を集め、相互の信義の上にこれを融通することによって運営された。それは、同年にできた小田原仕法組合とともにわが国の報徳社の始まりであり、尊徳の直接の承認と助成を受けて結社式仕法をもって発足した最初のものである（八木 一九八三、二五四頁）。

## †報徳社の展開

その後、尊徳の精神を受け継いで、各地に結社式の報徳社が設立され、東海地方を中心に拡大した。それらは、村内の相互扶助を基礎とする村民による自己復興の試みであり（それはまた村民に人情・報恩の精神をもたらす）、農民の自主的改革によって地域を荒廃から立ち直らせるために、施与でなく貸付を中心として、村民各自の経済的自立を目指そうとした。

このように、報徳社は、社員から集めた報徳仕方金を中心に営まれ、その運営について福住は次のように述べている。

あるいは貸し渡し、あるいは救与して社中の困窮を救い、水火病難を補い、無禄にして子多く、志しあって学費なき者、また鰥寡・孤独・廃疾の者を助け、また無利息三ヵ年賦・五カ年賦・七カ年賦・十カ年賦等に貸して、社中の産業をいや進めに進め、いや広めに広む。……報徳会の事業は大業である。まず人々の心田の荒蕪を開いて徳性を養い、次に山野の荒蕪を開墾し、用排水を整備し、堤防を修築し、道路を修理し、橋りょうを修繕する。耕作を周到にし、培養をねんごろにし、土性を転換し、器械を改良する。山林に種をまき苗をうえ、採鉱・養蚕・牧畜を開き、物産を繁殖し、財貨を集めて貧窮を補助し、衰村を復興し、そうして国家を豊饒にし、万姓を富み豊かに、安楽にするところまでゆくのである。（福住 一九五八、一二九、一八九頁）

こうして、静岡県を中心に設立された報徳社には八つの本社があったが、一九二四（大正十三）年四月一四日に掛川の大日本報徳本社に統合された。

## 二　報徳思想と現代

### †至誠・勤労・分度・推譲

それでは、報徳仕法を支えた尊徳の中心思想はどのようなものであったのであろうか。明治時代における社会福祉の先駆者の一人である留岡幸助（一八六四－一九三四）は、尊徳と報徳運動の意義に早くから注目し、尊徳の思想の特徴を次のように簡潔にまとめている[3]（留岡 一九三三、五五六－五八二頁）。尊徳は、留岡によって、イエスに近いものとして把握されているが、留岡による報徳思想の理解はまた、留岡の実践方針に通じるものであった（吉田 一九八九、一〇九頁）。

①自助的主義
②勤労主義
③積小成大主義
④他愛推譲主義　推譲 → 他愛 → 無我
⑤学問非売買主義
⑥商道即共益主義

⑦協同主義

尊徳によれば、神道は開国の教、儒教は治国の教、佛教は治心の教であり、報徳はそれらを包括したものとして、天地の恵（大徳）に小徳（三才、勤、倹、譲）を以て報いることであった（留岡 一九三三、五五二頁）。尊徳は次のように述べている。「我といふ其大元を尋れば食ふと着るとの二つなりけり」「天下の政事も神儒佛の教えも、其実衣食住の三つの事のみ、黎民飢えず寒えざるを王道とす」（福住 一九七三、一八一－一八六頁）。尊徳にとって、もっとも重要なことは、民衆の生活において衣食住を保障すること、すなわち、貧困の解決であり、自然に対する人間主体の確立を生産者の立場から明らかにすることであった。報徳思想は自然と人間との関係で勤労の意味を説くなど農民の倫理、生活慣習と一致しやすいものであった。しかし、従前の生活方法を根本から覆す尊徳の改革原理を含んでいたことから、報徳仕法の反対者は、支配者側の武士階層だけでなく、救済しようとする農民層の中にもあった（宇津木 二〇〇三b、二八八頁）。富田高慶は、報徳思想の核を、「至誠を本、勤労を主　分度を体、推譲を用とす」と述べている。

次に、尊徳の生活思想の基本を構成する各事項について簡単に見ておこう（ちなみに各事項の英訳は早川千吉郎『国力増進と報徳』による）。

①「至誠」（Honesty）は人生の極致、生きる上の根本精神であり、人間に信用をもたらす。正直の儲けのみが正しいという安居院義道らの考えもここから生まれる。安居院は、正直に得たる利益のみが真の利益なりとして、経済行為と道徳を一つと考え、「労苦なければ利益なし、信用は小金に勝る宝なり」としている（安丸 一九七四、三四頁）。また、福住正兄は、「人は誠を尊しとす。誠ならざれば何ごとも偽りなり」と述べている（福住 一九五八、一

二七頁）。そして、こうした考えは、興隆しつつあった資本家たちの生活態度や起業意欲、経営理念などに影響を与えた。(4)

②「勤労」（Diligence）は人間の義務であり、経済生活の基本をなし、農業と合致しやすい側面をもっている。神を祀るとは労働することであり、礼拝や祭典を主とするものではない。天意を奉戴して天賦の徳性を拡充すること、天地の化育を賛成することである。すなわち、人道には、天道に包摂された人道としての人情のほかに、工夫・努力、人に都合よきように工夫・努力することが含まれる（留岡　一九七八、二四九頁）。無より財を発するのは勤労のほかになく、倹約によって財を保存して文化の根元を開く役割を果たしている（佐々井　一九七七、六頁）。

③「分度」（Economy）は経済活動の規範であり、己心に内在する「怠け心」と「勤労意欲」の加減を度し（克己）（二宮　二〇〇八、七三頁）、生活を整頓し、秩序あらしめる（佐々井　一九七七、二二頁）。克己による経験則としての分度は、消費を大いに合理化し、計画的経済生活の設計（経済家による貯蓄）や富をもたらし、拡大再生産の基礎を形成する。それは、支配者側にとっては封建的搾取に対する制限を意味するだけでなく、経済の基礎に道徳を置くピューリタン的な見方に通じ、道徳と経済を結びつける契機となる。(5)しかし、鹿野正直によれば、こういう生き方に踏み切るには、社会的抵抗を押し切るに十分な厳格な生活態度を必要とする。それは、日本人によく見られる群れをなす生き方ではなく、共同体の枠をはるかに超える自立的人間を前提としている。こうして、分度は共同体に埋没しない人間の創造、伝統的秩序に服従することに慣れた農民の人間変革への道を提供する（鹿野　一九六九、六八、六九、一五五頁）。

④「推譲」（Sacrifice）は、人生の目的であり、今日の余裕を明日のために譲る「自譲」と自己の余裕を他人のために譲る「他譲」とから成る。人間にとって一番難しいのは私欲の抑制である（留岡　一九七八、二四八頁）。自己

の将来に譲るのは容易だが、他者に譲るのは難事である（二宮 二〇〇八、五頁）。他譲は言わば「報酬を期待しない寄付」であり、分度の目的であり果実である（八木 一九八三、二二〇頁）。金の損得を超えた人徳の自覚をどう百姓たちに芽ばえさせるかが重要な課題であり、ここに、荒地の開発にとどまらない、心の荒蕪を陶冶する尊徳独自の心田の開発の主張がある。

佐々井信太郎は、分度と推譲の関係について次のように述べている。

推譲は分度の目的である。分度は推譲の手段である。故に分度は分度に終わっては意義をなさず、推譲は分度によらざれば、その基礎が確立しない。分度を立てて推譲すれば、その推譲したる所即ち将来の文化となる。譲の根元は人類至道の根元たる親子の愛を事実の上に表したるものである。（佐々井 一九七七、二二頁）

経済支援は度重なる説教よりも報徳思想の理解を容易にする。推譲を受けた者は推譲に応えようとして自発的意欲を奮い起こす。推譲は、経済活動の視点に公益を加え、その精神は、今日のボランティア活動の実践に通じる。勤労、分度、推譲という報徳の価値観は、簡単に言えば、働いて自立し、人のためにお金を使い、見栄を張らずに生活し、少しだけ地域のために寄付する生き方である。また、大藤修によれば、勤労も倹約も自分の家計の中のことであるが、そこに独自に考えた分度と推譲の法則を加え、社会の福祉と繁栄を実現する社会原理に高めた点に尊徳の独自性がある（静岡 一九九六、七一、七六、八二、一四一頁）。

## †経済と道徳の一致

報徳運動は、自立、自主の精神を励まし実践する自発的な運動で、貧困からの脱却を目指している。報徳は、初めに経済ありきであり、報徳社は話し合いと相互扶助を基礎としている。農業技術を伝達し、安心のできる暮らしを住民にもたらし、地域を継ぐ人材や技術的改善に取り組む主体を育成する場として、構成員による意見交換の場である「常会」が重視された（静岡　一九九六、五八頁）。尊徳は、常会に出席することを、相互にすれ合って汚れが落ちて、清浄になることから、「芋こじ」にたとえた(6)。制度は強制ではなく、個々の自覚と自主により必然的に結合したものでないと形骸に帰し（八木　一九八三、三五六頁）、「永安の道は自助自立の力によって仕法を継続する外ない」（佐々井　一九七七、八頁）。

佐々井信太郎によれば、報徳仕法は、「原理を生活様式化し、実施の規範としたるもの」である（佐々井　一九七七、一二頁）。尊徳は、「釈氏は王子なれ共、王位を捨て鉄鉢一つと定めたればこそ、今此の如く天下に充満し、賤勝とい へ共、尊信するに至れるなれ」と述べている。報徳仕法の背景には、問題解決に取り組む人間の背水の陣の気迫がある。「それ開闢の昔、葦原に一人天下りしと覚悟する時は、流れに浄身せしごとく、潔きよきこと限りなし」という尊徳の言葉はその姿勢を端的に示している（福住　一九七三、一八九、二〇二頁）。

留岡によれば、位階、学問、富などを有する者は、自分以外に頼むものがある。人間は他に頼むものがある間は何も問題を解決することはできない（留岡　一九七八、三三五頁）。人間には支えが必要であるが、直面している問題を真に解決するのは支えの上に立つ当事者自身である。尊徳の思想は、個人としての「我」のあり様を如実に示し、ここには単独者の厳しさがある。尊徳は、綿密な観察による調査→計画→実行を旨とし（二宮　二〇〇八、一〇三頁）、「高尚を尊ばず卑近を厭わず此三道の正味のみを取れり、正味とは人界に切用なるを云」という言葉を残している。そして、観察を基礎とする経験はまた同情→愛隣をもたらすのである（留岡 一九〇六、一九六頁）。

八木繁樹によると、尊徳の言葉に次のようなものがある。老子、釈迦の教は、山が美しくそびえたっているようなもので、その奥深い風景は大いに楽しむべきだが、人民のための効用はあまりない。そして、報徳の道は平地の村落の平凡で田舎びたのに似ている、とくに風景の優れたところはないが、生産力の源であり、国家経済の土台である。

> 仏教のように己一人が極楽に往生しようというのでもなく、儒教のように滅私犠牲の上に国家の安定を求めようというのでもなく、社会人または国民という衆庶が同行して、しかも未来来世ではなく現在現世に、安堵永安の社会を具現しようというのです。（八木 一九八三、三〇〇－三〇一、三一五頁）

ここに報徳思想の本来の目的がある。報徳は、農民の生き方が身に付いた暮らしの指針である。尊徳は、実行された理論を尊ぶ実践的経験主義者であり、徹底した合理主義の上に農村再編成を目指すものであった（静岡 一九九六、四三頁）。報徳思想は、生活体験を社会化して安民富国の業として体系化した知の自覚的獲得であり、生産者の人間としての主体性の確立である（大藤 二〇〇一、一九頁）。それは、自然の法則性を農業生産実践の場で捉え、天道に対して主体性を発揮して自然に働きかける、目的をもった合理主義、技術的認識論とも言うべきものである。尊徳はそれを「わが道は卑近な道である」「至道は卑近なものだ」という言い方で表している（八木 一九八三、二九九頁）。勤勉や倹約や孝行などは、安丸良夫が言うように、歴史とともに古い民衆の生活態度である。しかし、それが伝統的生活習慣として存在していることと、人びとが自覚的に行なうべき規範倫理であることとは別の事柄である（安丸 一九七四、一二頁）。

留岡幸助は、報徳思想を、「道徳」（至誠と推譲）と「経済」（勤労と分度）に分け、道徳と経済の一致を見ている。至誠・誠心を大本として、勤労・分度・推譲の三つを実践することで道徳と経済が融合する。そして、道徳に基づかない経済は土台のない家屋のようなものであり、道徳なき経済は犯罪であり、経済なき道徳は寝言であると述べている（留岡 一九七八、三八七頁）。「至誠」「勤労」「分度」「推譲」は、報徳の道徳的認識を経済にまで推し進めた体験知であり（二宮 二〇〇八、七三頁）、経済と道徳の一致としての相互救済を実現する上で大きな役割を果たしたのが基盤・制度としての報徳社である。

留岡は、キリスト教が日本の国情に沿わないのは、実行すべき社会機関（制度）が欠如しているからであるとして、報徳思想を広げる基盤としての報徳社を重視した。留岡によれば、報徳社は、兄弟的、姉妹的（ブラザーフード、シスターフード）な組織であり、報徳思想と民衆の生活をつなぐ「社会的鉄管」である。報徳社では、個人で慈善を行なう恩を避けるために、これを団体で行なう。こうして、訓育 → 道徳と結社 → 経済による経済と道徳の一致を報徳社という組織が支えている（留岡 一九〇六、七頁、留岡 一九七八、三八七頁）。

嶋田啓一郎は「ラスキンと留岡幸助」の中で、ポッパーが『開かれたる社会とその論敵』の中で行なった「社会変革のための合理的社会工学（rational social engineering）」に関する二つの区分、「目標を意識的又整合的に追及し、またこの目的に合わせてその手段を決定するユートピア工学（Utopian engineering）」と、「社会の最大の究極善をさがし、それを求めて苦闘する方法よりも社会の最大の最も緊急な諸悪を探求しそれと戦う方法を採用する細切れ工学（Piecemeal engineering）」に言及し、尊徳の手法を、社会の構造や社会関係の追及、社会の実態や問題解決の実践を重視する問題解決型モデルの開発としての後者に関連付けている（嶋田 一九八〇、九－一〇頁）。たしかに、尊徳の思想には、細切れ工学（Piecemeal engineering）に通じるものがある。しかし、重要なのは、尊徳の思想は単なる技術論にとどまることなく、倫理、とりわけ勤労の意味を問うエートスを含んでいる点である。

尊徳の思考の出発点は、実行しない思想は意味がないという点にあった。何のために働くのか、勤勉の意味を問うことが、尊徳の課題であった。しかし、尊徳の独自性はそれにとどまるだけではなく、藩の財政再建により、封建領主の財政に分度を設けたところにある。そこには、行政の役割に関する尊徳の問いがある。貧困はあくまで解決できる課題であり、富める者が貧しい者に恵むという慈善的発想ではなく、貧しい者も自助努力で余剰を生むことができるという思いが、尊徳の農村再編成計画の基本にある（静岡 一九九六、四〇、一三六、一四一頁）。

## 三　社会福祉と尊徳の思想

### † 戦後における報徳社の衰退

社会福祉は、人間形成を通じての社会変革、すなわち、生活問題を解決するに適合した人間的主体性（人間類型）や新しいエートスの形成を目指している。しかし、それが単なる個人的レベルにとどまることなく、民衆の思想として広まるためには、個人を支える小集団が必要である。この意味で、社会福祉は自発的福祉と制度的福祉の両面を備えていなければならない。尊徳の思想は、制度の構造的分析より、制度化の対象とされる人間に主眼を置き、国家 ↓ 地方 ↓ 人間という探究の道を辿っている。尊徳の対象は、経済的なものだけにとどまり、今日の社会福祉に必要な家事労働やその他の支援サービスなどは含まれていない。しかし、尊徳の思想および報徳社の活動は、供給者の視点と利用者の視点を併せもつ点で、ワーカーズコレクティブの先駆とも言える側面をもち、現代的意義が大きい。それにしても、報徳社は、なぜ衰退の道を辿ったのであろうか。

安丸良夫は、次のように述べている。明治の報徳社は民衆に広まった石田梅岩の心学よりよりはるかに広い社会的視野をもっていた。しかし、報徳社は、狭い共同体の人格的関係のもとでのみ有力で、小共同体の外にいる人びとを精神的に感化する力に乏しかった。小共同体の外では個人の人格的な力は神通力を失い、推譲は道徳的説得力をもつときにのみ意味がある。岡田良一郎も、推譲を広い社会の中で通用させることができないと考えた（安丸 一九七四、四八‐五三、六一、六八頁）。すなわち、旧来の村落にはタテ社会の枠とは別に、村人の自発的な参加と自治のもとにつくられた相互扶助のための無尽講や信仰に由来する伊勢講などが存在していた。しかし、こうした組織を維持するためには、「付き合い」「もてなし」「寄り合」「社交」などが欠かせない。親しみという自然な感情の次元に根ざした付き合いがないと、目的志向型の集団でも内発的な活動は失われるのであり、それは報徳社の場合も同様なのである。

報徳社が戦後衰えた理由はいくつかある。まず一つには、戦後の飽食の風潮に、勤労の意味を説く報徳社は存立の根拠を失った。さらに、報徳運動が政治に利用された暗いイメージがあることに加えて、報徳思想が、生産や地域と結び付いた農業と深い関係をもっていたことが考えられる。言い換えれば、報徳思想は自営業者の思想であるにもかかわらず、戦後の経済過程で農業を中心とする自営業者の減少や、農家の兼業化の進行によるサラリーマン化などが報徳社の衰退と関係している(7)。

## †地域社会の再生

近年、国家・企業・家族・地域などに対する帰属感や一体感が薄れ、個人生活の孤立化が進行している。こうした中で、アソシエーションを軸に地域社会を再生することによって、公的責任をできるだけ住民の近くへ移し、家族の枠を超えた親密圏を形成する試みが注目されている。現在の日本は、すでに農村社会とは言えず、生産と生活の結び付きも弱く、地縁・血縁も弱体化する傾向にある。標準家族の解体や家族形態の変容、中高年女性の労働市場や農村部の衰退、非正規雇用の拡大、個人化の進行などの変化の中で、都市では住民が流民化し、お互いが面識のない見知らぬ関係の中で、お客を媒介とした商品交換の関係性しか存在せず、自分の知らない他者を顧慮することなくコミュニケーションをとらない状況が支配している。仕事の根底にある人間を支えるはずのコミュニティはその影が薄い。加えて、日本の場合には、自分の属する集団のウチとソトに対する態度の違いがあり、思いやり、控え目、繊細な心情は小さな世界にのみ通用し、相互に愛情なき外の世界には力が乏しい。こうして、内部に対する濃密なコミュニケーション関係はそれ以外の他者の排除に反転する。地域をよくする気力は、本来、定住から生じてくるものであるが、地域を支えるだけの見返りはなく、会合などに出る時間もなく、リーダーは不在である。

日本が福祉社会となるには、都市の中のムラ的社会状況（企業と核家族）を支配してきた原理に代わる、個人と個人をつなぐ新しいコミュニティとしての「人と人との関係」が再形成される必要がある。そのためには、血縁・地縁・社縁ではなく、メンバーの自発性に支えられた選択縁を基礎とし、自発的参加による安心と対等な市民の間の信頼に支えられた組織の拡大が重要となる。独立した個人と競争、競争社会や強制社会から信頼社会への転換は、ゲゼルシャフト（Gesellschaft）でもゲマインシャフト（Gmeinschaft）でもない、新たなゲノッセンシャフト（Genossenmschaft）によって支えられ、官は公に転じなければならない。

公共的意思決定の重点を国民国家から地域社会へ移行させる場合に求められるのが、強い市民ではなく弱い市民を含むボランタリズムを主とする親密圏としての新しいコミュニティの形成である。こうした状況の中で、単なる血縁や地縁だけでなく、知縁でも結びつく相互扶助を基礎とする尊徳の思想とその仕法は改めて見直されてもいい。そもそも、福祉は小さな単位でこそ実現可能なものであり、自立と普遍的な相互扶助を基本に考えることからすべてが始まる。

パットナムによれば、互酬とは、短期的には自らがコスト負担、その後の見返りは即時には期待できないが、短期的に見れば互酬制度の参加者全員に効用をもたらすものであり、短期的な他愛主義と長期的な利己心と呼んでもいいものの結合である。そして、これが規範として社会に刷り込まれている場合には社会の成員にとって長期的にわたる効用が確保される。社会関係資本の一つとしての社会的信頼は、互酬性の規範と市民の積極的な参加ネットワークから生まれる可能性があり、市民参加の強力なネットワークは互酬性の強靭な規範を促進する（パットナム 二〇〇一、二〇六-二三二頁）。垂直的ネットワークは社会信頼と協力に対立し、アソシエーション（非営利・非政府）を核とする水平的ネットワークによって、人間関係の蓄積、協同性の構築、家族を超えた生活共同体、親密圏の形成、協同関係の形成も期待できる。それは経済的成果の獲得に寄与するだけでなく、地域の論理、再生の論理を創造する。

たしかに、相互扶助にはお返しのできない場合の辛さがある。また、個人的な欲を抑え、仲間のために譲り合うことは尊徳の時代から今日まで実践することの困難な業である。しかし、山峡、過疎、自然の厳しいところでは、知恵と体力を合わせ、協同体づくりによって不利な生活条件を克服する文化を育むことが必要であり、そのための人材育成は欠かせない。森林の育成には長い時間がかかるように、人間の育成にも時間を要する。開発の基本は自立であり、外部に頼る姿勢には限界がある。定住者自らが互いに助け合う心田の開墾は今日でも発展の基本である（静岡 一九九六、一一、六五頁）。これまでの人間生活を支えた家族、企業、地域が変貌する中で進む超高齢社会の到来は、生活支援体制の見直しを必要とし、地域における新たな相互扶助やＮＰＯなどによる生活福祉の活動などを促進するよい機会である。高い経済成長が期待されず、不安定な生活と日常倫理そのものが混迷する今日の社会で、定住者を中心とする相互扶助の回復や互助の再組織化、報徳思想（至誠・勤労・分度・推譲）の見直しなどは、個人の生活態度だけでなく、福祉社会や経済倫理の再構築の基礎として改めて考慮されてよい。

（1） 岡村重夫は、『全訂 社会福祉学（総論）』（一九六八年）の時は、尊徳について触れることはなかったが、『社会福祉原論』（一九八三年）にいたって、相互扶助の項目において尊徳について述べている。この間の岡村に何があったかは、明確ではないが、『地域福祉研究』（一九七〇年）や『地域福祉論』（一九七四年）など地域福祉論への関心の深まりが彼を尊徳に近付けたことが推測される。

（2） 一時は台頭する気配を見せた産業組合運動は後景へ消え去り、内務官僚による地方自治振興、地方改良の方向が推進された。産業組合は中産以下の者を対象とするのに対して、報徳社は社会そのものを救済すると言われる。

明治の報徳運動は、内務省を中心に推進された地方改良運動と密接に関係している。明治国家が目指したのは、自治制度を通じて国民の中に愛国心や独立心を形成することであり、地方改良運動に期待されたのは、村落共同体を破壊しつつ（地域社会の形成原理の喪失）、国家のための共同体を形成することであった。すなわち、伝統的村落共同体の生活原理たる非政治的情緒性を基礎的素材として温存し、伝統的村落共同体の実体を認めながら、同時にこれを一元的支配機構のための基礎素材とすることであった。これは、自然村秩序そのものの擬制化、村落共同体の観念化、イデオロギー化であり、報徳運動の自治の振興は、地方改良運動と結合して地主を中心とする共同体関係を温存することに貢献した。こうして報徳は地主層だけでなく、村落共同体の内部へ入り込み、家庭の訓育、婦人の風化、若衆組などを利用する役割を果たした。つまり、報徳社は、町村を国家のための共同体に転化させる、下からの自発的・主体的集団の位置を占めたのである（中村 一九七六、一七頁、宮地 一九七三、一〇九頁）。

（3） 留岡は、文明国家、文明社会 英雄的団結ではなく、自治的観念に富める市民によって組織されるものとしている。地方改良運動には留岡幸助も深くかかわり、その主観的意図はともかくイデオローグの役割を果たしていた。彼は、社会機構を構造的・体系的に把握しようとする認識に乏しく、「社会問題の具体相、あるいは個別的課題に対する対症的対応策を一つひとつ積み上げていけば、やがて総体としての社会関係の改革が達成されると予想した」と考えられる（遠藤 一九八四、二八〇頁）。

（4） 岡田良一郎は「財は本也、徳は末也」と言っているのに対して、富田高慶や福住正兄は「徳」を優先している（中村 一九七六、二八一頁）。

（5） 報徳思想は、明治時代に、ピューリタニズムをバックボーンとする西国立志編（自立・正直・勤勉）の爆発的売れ行きを支える土壌を提供したと言える（静岡 一九九六、二六-二七頁）。

（6） 八木繁樹によれば、道の学問は、「芋こじ」の仲間がより合って、善に移り徳に進む。「衆庶の意見を十分に表明させ、衆庶の物心両面における安堵の生活を確立することを悲願とし、一村一団の和衷協同と相互扶助の社会組織を結成し、庶民の意見の結集により、互譲相信の楽土を建設をしよう」とするところに、尊徳の本懐もある（八木 一九八三、三一五頁）。

（7） 安丸によれば、尊徳の思想は基本的には、家族を単位とした小生産・小経営者（自営業者）の思想、生産労働を営んでいる家族の立場からの合理主義である。生産と消費、生産と生活、生産手段の所有が家族を担い手として一致している時代には、尊徳の論理は非常に説得力があり、報徳社運動＝生産者的能動性を最大限に発揮することで地域の秩序をつくり上げる点で有効であった（この事実を裏づけるものが、最近の中国における尊徳に対する注目や、北海道などの漁業分野で報徳社が意味をもっていることなどが挙げられる）。しかし、現代のように、家族を単位とする小生産・小経営というものが消滅しつつあり、働いている人が基本的には何らかの雇用関係にあって、新たな会社社会という人間関係が有力となり、消費生活の分野においても市場の論理が支配している中では、相互扶助という報徳の中心思想が薄れた。とはいえ、生産・小経営の思想、生産者的な能動性の論理のエッセンスとしては優れており、人間が家族を中心として生活していること自体は変わらないから、家族の生活を支える生活の論理、生活の倫理という面からすれば、尊徳と報徳社の運動は現代でも重要な意味をもっているというのが、安丸の評価である（安丸 二〇〇六、二二四－二三〇頁）。

# 第八章　福祉社会の価値意識と協同関係

## 一　戦後日本の生活社会と福祉社会

### †社会保障と国民意識

社会保障の役割が、生活共同体としての家族の親密圏を維持するために国家が財政支出を行なうものだとすれば、日本が福祉国家であることは間違いない。戦後日本の生活社会では、社会保障は、雇用の継続を前提とした経済成長のもとで、社会的サービス支出を増大し、不平等から生ずる緊張や貧困をある程度緩和する役割を果たしてきた。しかし、順調な経済成長や雇用の保障が期待されにくくなってきた今日、生活格差や環境問題などを考慮して、個人生活の安全を保障し、持続可能な社会を形成するためには、これまでの社会保障制度のあり方やその根底にある人びとの価値観、人間関係などを見直すことが必要となる（広井 二〇〇六、七頁）。

「福祉社会」という語はさまざまな意味合いで用いられる。反福祉国家的な意味合いで使用される場合もあれば、福祉多元主義を意味する場合もある。しかし、ここでは、ロブソンにならって、「福祉国家は議会が定め、政府が実行するものであり、福祉社会は公衆の福祉に関わる問題について人びとが行い、感じ、そして考えるものである」（ロブソン 一九八〇、i頁）としておく。そこで、問題となるのは、社会を構成する人びとの家族・地域・企業などをめぐる関係のあり方である[1]。

明治以降、日本では法や市場などの外的制度は急速に近代化された。しかし、家族を中心とするものの見方や集団主義的な人間関係、個人に関する価値意識や生活態度は変化が少ないまま、日常生活が推移した。その結果、生活の責任は、基本的には個人や家族にあるものとされ、それを超えた人間関係による生活保障の考え方や制度の整備は遅れがちであった。

日本人は、どちらかと言えば、内面的品位よりも外面的品位を重視する傾向が強く、とくに顕著なのが、日常的所属集団への献身を前提とする「世間」を志向する生活態度である。人びとは一人の個人であるより前に「世間」に属し、個人は世間の中に埋没している。日本人になぜ日常的所属集団を超えた普遍的な連帯意識が形成されにくかったかということは、これからの福祉社会の構築にとって重要な問題であるが、その一つの理由が日本人の世間意識にあることは否定できない[2]。

阿部謹也によれば、日本とヨーロッパにおける公共性や社会的連帯意識などの点で相違をもたらすのは、個人と個人、個人と集団との関係のあり方、人間的結合原理の違いである（阿部 一九九九、五五、五八、七四、一〇四頁）。戦後日本の生活社会では、公共性志向の希薄な利害優先社会としての「世間」という人間関係の間を、家族中心志向、企業中心主義、経済効率優先主義などの価値意識や生活態度が支配した。

一般に、社会問題は、人間の自助努力が限界を超えたときに生じる。介護問題などにも典型的に示されるように、われわれの日常生活は、居住する地域社会と密接な関係をもち、人間の協同関係のあり方と深く結び付いている。わが国における公共性や社会的連帯のあり方を問うことは、人間的結合の原理を問うことにつながる。(3)

戦後、日本経済が順調に成長する中で、多くの人たちが生活の向上は個人的努力によって可能になるものと考えた。それと並行して、日常生活において協同活動がもつ意義は薄れた。(4)核家族化や経済のグローバル化が進行する中で、家族や企業が生活保障の面で果たす役割が後退し、雇用保障や地域社会の絆も弱体化して、人間生活の再生産の場である消費生活において、支援のない孤立的な社会が拡大している。

こうした中で、社会保障のあり方そのものが見直され、生活者自身の協同による生活問題の解決の方向が探られている。社会における公共性は、政府や自治体だけによって実現されるものではない。市場や政府によるサービスの提供に限界があり、従来の地域社会や家族などからも十分な支援が得られない場合、われわれにとって重要なのは、市民や住民の協力を軸にした新しい協同関係を創造し、新しい思想や制度的原理を生活に定着させるためにはどのような社会制度を基盤とすることが有効か、あるいは住民と行政との関係はいかにあるべきかなど、「公」と「私」に関する新たな公共性の方向を模索することである（広井 二〇〇六、一四五頁）。とりわけ、親族関係を中心とする親密圏に代わる自由意志や知縁を軸にした協同関係の形成と地域社会の再生が肝要である。

## 協同組織の諸相

助け合いの原初的原理である相互扶助に基礎を置いた生活問題解決のための協同組織として、セルフヘルプグループ、生活協同組合、社会的企業などがある。

セルフヘルプグループは、一九三五年に、アメリカでアルコール依存からの回復を目指して設立された団体が最初であり、わが国では、現在、身体・精神・知的に障害のある人、依存症に悩む人、難病をもつ人、社会的引きこもりや自閉症の人、DV被害者、吃音者、自分の子どもを早く亡くした人、その他さまざまな悩みをもった当事者とその家族によって形成されるグループがある。そこでは、問題を本人の自助努力だけで解決するのではなく、分かち合いという協同関係によって、自分自身のこれまでの考え方や行動の仕方を改め、周囲と世間の意識を変え、やがては社会の文化そのものを変革する有効な社会運動となっている（岡 一九九九、六五－八一頁）。社会変革の前提としての自己変革の重要性を説くのは、前章で述べた二宮尊徳の報徳仕法にも共通するが、セルフヘルプグループは、問題解決を求める当事者自身が組織の構成員であることによって、運動主体の理念と利害が一致した社会改革の有効な組織となっている。

次に、生活協同組合では、当事者を含む組合員の生活課題を協同して解決するために、生活用品の販売や配達だけでなく、人間の生命にもっとも近い衣食住の分野を支える家事支援やケアワークを組合員の活動によって行なうワーカーズ・コレクティブの運動が盛んである[5]。これは、共稼ぎ世帯の増加による班別購入組合員の減少などに対応して、生活協同組合がとっている一つの方向であり、サービスを提供する主体と客体が同じ組織の構成員となって、私的生活の一部としての家事支援を協同による信頼関係によって担い、家族に近い親密圏の形成に貢献しようとするものである[6]（朝倉 二〇〇二、一〇二頁）。

そして、最近注目されているのが、社会的な目的のために活動し、その剰余金を個人的に配分するのではなく[7]、再び社会的目的のために投資する社会的企業である。その事業は、コミュニティ支援、外国人労働者や障害者など社会的に排除された人びととの雇用斡旋や住宅供給など、教育・福祉・雇用・環境・貧困・地域開発に関する社会性の高い問題の解決である。その運営は、政府からの助成金、事業委託、市場からの事業収入、民間からの寄付などで行なわれ、政府、市場、民間の三領域が交錯する場に位置している。社会的企業の代表としては、イタリアでは社会的協同組合[8]とも呼ばれるヨーロッパのソーシャル・ファーム（障害者あるいは労働市場で不利な立場にある人びとの雇用などの支援を行なう）や、貧困層を対象とするマイクロファイナンス機関であるバングラデシュのグラミン銀行などがよく知られている（正岡 二〇〇九、三頁）。わが国にも社会的企業の先駆形態としての報徳社が存在したが、今日では、その活動はよく知られていない。

これらの協同組織に共通するのは、人びとが、単なる営利を超えた公共的な立場から、一定の目的、使命のために自由意思で参加する、民主的な民間組織である点である。[9]佐藤慶幸は、社会の人間関係を、マックス・ウェーバーにならって、①ゲマインシャフト関係（血縁、地縁などに基づく、家、村落共同体、ギルドなど、共同体規制のある全人格的で身分的な依存関係）、②ゲゼルシャフト関係（計算合理的な資本主義社会の非人格的な物象的依存関係）、③ゲノッセンシャフト関係（協同組合など、自由な個人間の人格的な連帯関係）に大別し、先に挙げた非営利の協同組織を、普遍的な仲間意識を核にするものとして、③のゲノッセンシャフト関係に分類している（佐藤 一九九六、八〇、一五三頁）。

わが国では、個人と社会の間に「世間」が介在し、消費生活と労働生活の両面で、タテ社会の人間関係を軸とする共同体的再編が強固な位置を占めてきた。しかし、これまでの日本社会を支配してきた家族中心志向や企業による生活保障が後退しつつある今日、これからの福祉社会を構築するために、産業化の過程で見失ってきたヨコの人間的結合を改めて見直し、「協同」による組織の拡大を図る時期に来ている。

トクヴィルは『アメリカの民主政治』（一八四〇年）の中で、「人々が文明状態にとどまり、あるいは文明に達するためには、境遇の平等の増大に応じて、結社を結ぶ技術が発展し、完成されねばならない」（トクヴィル 二〇〇八、一九五頁）と述べている。ここに、「結社を結ぶ技術」というのは、"the art of associating together"、すなわち「相互にアソシエートする術」であり、トクヴィルの指摘は産業化や国家権力の強大化が進行する中で、個人の自由や独立を確保するために、人間が協同して生活することの意義を強調したものとして、今日でも価値が大きい。コミュニケーションを原理とするアソシエーションを、日常生活の領域で拡充することは、安心した生活を送る必須の要件である。

そこで問題となるのは、人びとが協同する場としての市民生活領域へのかかわり方である。生活における協同行為が展開されるのは、「生活の器」である住居が集合する「地域」が中心である。西山夘三は、建築物を作るということは、そこに生活する人びとの生活様式を規定することにつながり、人間が生活する上で、人間的スケールの空間の重要性を述べている（西山 一九七四、七－三二頁）。自由意思による参加と平等を原理とする人間的結合は、人びとが相互に交流可能な生活の場において有効に実現される。とりわけ、市場原理になじまない、福祉、医療、教育などは、技術的・社会的理由から小規模単位の活動が適合しており、地域社会を人間生活の拠点として再構成することが、経済効率優先主義によって歪められた国土利用や生活様式を改め、地域文化を活性化する上で重要な意味をもっている（神野 二〇〇二、一六五－一六七頁）。

朝倉美江によれば、人間の協同を基礎とする親密な人間関係は、自己の内面や家庭内部の「恥」をオープンにすることから始まる(10)。また、人間同士のコミュニケーションを図るディスカッションの装置がどのようになっているかも生活を協同化する上で重要である。生活に直接的影響の少ない事業や私的領域に深く立ち入ることに対して嫌悪感のあるところでは、親密な関係は成立しにくい。教育や医療サービスとは異なって、福祉サービスの利用に付きまとうスティグマの意識は、社会の中で培われた自己責任のイデオロギーと密接に関係している。

こうした点から、個人の内面や家庭内部の問題と直接にかかわるセルフヘルプグループの活動は、今後、生活の各領域で拡大することによって、社会の変革につながる可能性をもっている。加えて、今日の経済組織の基礎をなす法人の行動様式が変化するためには、企業の社会的責任（CSR）を重視した企業倫理の確立や、社会的企業を運営するノウハウの蓄積が重要である（正岡 二〇〇九、八五、二五一頁）。

## 二　社会福祉と協同組織

### † コミュニティと相互扶助

社会福祉学の岡村重夫は、社会福祉の発展を、「法律による社会福祉」と「自発的社会福祉」の緊張関係による批判的協力によるものとして、「自発的社会福祉」の主要な典型の一つに「相互扶助」を挙げている。日本人は、西洋人に比べて協同心が薄く、自己が属する親密圏以外では公共精神に欠ける側面があると言われる。しかし、その一方で、お上をはじめとする他者に対する依存心が強く、自主独立の気風が弱い。こうした中で、今後の日本で求められるのは、自己決定による個人の行動を支援する協同関係の創造である。わが国が福祉社会になるためには、社会保障の基本原理である社会的市民権が制度的に保障され[11]、個人と個人をつなぐ新しいコミュニティとしての人間関係が再形成されることが必要である。

わが国には、イギリスのような地域コミュニティが存在せず、自立的・主体的な市民社会の歴史的伝統が乏しいことから、人びとの間に強固な自治意識が根付いていないことがよく指摘される。しかし、日本にも、コミュニティ・ディベロップメントやコミュニティ・オーガナイゼーションの源流としての二宮尊徳の仕法や報徳社を中心とするコミュニティ形成の萌芽はあった。報徳社の活動は、今日では弱体化したとはいえ、北海道の農協の中には組織自体が報徳社で農協組合員即報徳社員のところもあり、報徳社の集合団体である「大日本報徳社」「全国報徳団体連絡協議会」「北海道報徳社」「愛知報徳会」などでは、報徳思想の啓蒙や研修、機関誌の発行、国際シンポジウムの開催などを継続的に実施している。また、これまで報徳運動の基盤のあったところでは、地域おこしなどのときに、報徳思想が大きな役割を果たしている。

地域コミュニティの再建に当たっては、事業の企画だけでなく、それに参画する人びとの責任ある行動や地域住民の主体的参加が求められる。こうした中で、従来の血縁や地縁のみならず、知縁による結合を促進する相互扶助を基盤とする尊徳の思想（至誠・勤労・分度・推譲）は、社会一般に通用する相互扶助の新しい文化を創造する地域活動のあり方として見直されてよい。

### †支え合いの文化

戦争における総力戦と生活保障における福祉国家の時代となり、国家が国民の生活問題の解決に取り組むようになってから、国民の生活実態に必ずしも合うとは言えない政策が創出され、組織の運営も官僚組織を通じて実施されるマネージメント中心の社会となった。しかし、個人の生活ニードは多様であり、その実現は生活者自身の行動や選択によっても異なる。[12] したがって、制度化や商品化の推進だけで実現されないことも多い。とりわけ、市場経済の論理は、経済効率偏重の結果、人権や環境などの分野を侵害する場合もあり、政府も必ずしもその分野を十分に保障しているとは言えない。失業者、非正規労働者、障害者、病人、老人、子ども、女性や、社会的に排除されやすい人びとに限らず、多くの人びとが安心して暮らせる福祉社会が形成されるには、各人の存在価値を認める協同性という文化が重要な意味をもっている（朝倉 二〇〇二、九九頁）。老人という障害者が人口の四分の一を占める超高齢社会では、家族だけの支えで社会を維持することは困難であり、家族による支えを仲間による支えによって補い、「支え合い」という文化を社会の中に埋め込むことが必要である（赤林 一九九四、三二四頁、森岡 一九九四、三三一頁）。これから重要なのは、地縁、血縁、会社縁を超えたところに存在する「他人」にも福祉を及ぼし、援助の手を広く差し伸べる普遍的な福祉社会を形成することである（二文字 二〇〇〇、八二－八三頁）。協同とは、「ささえ、ささえられる」関係のことを言い、高齢社会では、「他からささえられてはじめて生活できる自己決定できるような人間」が基本となる（森岡 一九九四、一九－二〇頁）。

協同組織による活動がただちに市場経済や公共経済のそれにとって代われるわけではない。しかし、その領域を拡大することによって、重層的組織から成る社会的経済を形成し、市場経済と公共経済では満たすことのできない生活ニーズに対応し、新たな市民的公共性の確立に寄与することは可能である（佐藤慶幸 二〇〇八、八六－八七頁）。

インターネットの普及や産業構造のサービス化によって水平的で参加型の市民社会の形成が促進されるという見解がある。携帯電話の普及による親密圏の形成などはその主張の一つである。しかし、生活を経過しない人間の協同や親密圏の形成は、マックス・ウェーバーの言う「砂山の結合」に似てその基礎が脆弱である。人間は意識的に他者との関係を結ばない限り、自己利益中心の制度依存に陥る傾向がある。問題を、協同のこととして認識し、その解決に取り組むのは、地域における日常生活の問題を媒介とする以外にない。生活の根源的な行為としての暮らしにおける相互支援を継続的に展開することによってこそ、「支え合い」は国民の文化となる。人間的信頼と支援を基礎とする親密圏の形成、日常生活それ自体の再編、多様な人間が協力しあえる制度の構築が求められる。

島根県の石見農協（現在は「JA島根おおち」）を基盤に活発な地域福祉活動を展開した寺本恵子は次のように述べている。「一人でできることは一人でもやり、できないことは仲間とやり、もっと大勢でなければできなかったら応援を頼めばいい。どう逆立ちしても自分たちの手に負えないことは関係機関につなげばいい。……制度や仕組みを考えるのは住民。でも、それを考えるだけの力を住民はつけていかなければならない。そのためにはいろいろな情報を共に持つことやきちんとした価値観をもつことが大事」であると（根岸 二〇〇四、三二六、三三八頁）。また、社会政策学的生活構造論の先駆者である篭山京は、生活問題研究の基本姿勢について、「もうそれ以上は社会諸制度の問題だという限度まで、家庭生活を合理化する。そしてまた、そういうぎりぎりまでの合理化が、実は社会諸制度の変革をうながすはず」であり、「低い身構えから、じりじりと高まっていくのでなければ、とてもわれわれの生活はよくなっていかない」と述べている（篭山 一九八二、一四九頁、篭山 一九五八、一九八頁）。

生活問題の解決は、その解決に向けた個人の主体的努力を前提としている。しかし、それは解決の責任を当事者だけに押し付けることを意味するのではない。自己決定する個人の自律性や生活状況としての自立が可能になるような支援のための協同、その上に立った地域生活の再生が重要な意味をもっている。[13]

（1） 岡田与好は、一時話題となった日本型福祉社会論の特徴を、①ナショナルミニマム概念の排除、②選別主義、③自助の原理、④平等主義の排除、⑤弱者尊重の「堕落の構造」の除去などに求めており、それが、①ナショナルミニマムの確立、②普遍主義、③社会連帯の精神、④平等主義の尊重、⑤窮乏からの弱者の保護など、それまで福祉国家の理念とされてきたものの全面的否定（社会政策の残余モデルに近いもの）であることを示している（岡田 一九八四、三四―三五頁）。また、武川正吾は、日本型福祉社会論の基盤が家族や企業にあったのに対して、これからの普遍主義的な福祉社会論が基盤を置くのは、市場とボランタリズム（セルフヘルプグループ、ワーカーズ・コレクティブ、ボランティア団体、NPO、住民参加福祉など）であることを述べている（武川 一九九九、九―一〇頁）。

（2） それ以外にも、自己利益追求型の経済至上主義、政治参加意識や権利意識の弱さ、あきらめの精神、他者依存的な性格（水戸黄門人気）などが同じ役割を果たしている。また、幼い頃から学業成績の向上だけを目指す競争主義や効率性の追求に明け暮れる学校教育にも問題がある。

（3） システムを形成しているのは、実際には個々人の行為であって、人間を抑圧しているのも個々の人間であり、制度や構造ではない（スタンレー／ワイズ 一九八七、一二二頁）。

（4） 天野正子によれば、わが国において、若者の価値が上昇し、老いの価値が急速に下落し始めたのは、一九六〇年代の高度経済成長の頃からである。この頃から老人と子どものつながりも失われ始め、農業の機械化は老人の仕事を奪い、世帯主の出稼ぎは農村を衰退させ、テレビや雑誌の普及は老人の昔話を不要にした（天野 一九九九、四二頁）。

（5） 共稼ぎ世帯が大きな比率を占めるようになった今日、生活協同組合では、組織の特徴である組合員の対話的コミュニケーション行為が日常的に行なわれる場としての班活動が後退し、単なる生活用品の配給組織と店舗販売になる危険性を秘めている。ボランタリーな性格を失った協同組合は単なる企業に近づくことを常に留意しなければならない。

（6） 朝倉美江によれば、家事労働は、人間の生きがいを含む衣食住を支える重要な活動であり、だれでもできるものでありながら、だれがやってもよいという活動ではない。今日では、家事労働はもはや家族だけでは担えない状況にあり、それができないことは当事者の生命や生活を危険に陥れる。そこで、朝倉は、制度化による公的福祉サービスを中心とする「社会福祉」によってではなく、当事者を含む住民の主体的、自発的に生み出された協同関係によって生活問題の解決を探っている。（朝倉 二〇〇二、六、三八、一〇二、一九九―二〇三、二一七頁）。

（7） すなわち組織の創設者や所有者あるいは共有者のために利益を生み出すことを第一の目的にしていない。社会的企業の運営形態はさまざまであるが、アメリカ型のNPOとヨーロッパ型の社会的経済（共済組合、協同組合、アソシエーション）のハイブリッド組織であるという考え方が一般的である。ドゥフルニは、事業の目的が社会的であること（一人一票制など）、経営が外部の国家や資本などから独立していること、決定過程が民主的であること、収入の分配に際しては資本より人および労働を優先するなどに、単なる営利企業とは異なる点を見ている（ドゥフルニ 二〇〇四、一-四〇頁）。

（8） 一般のワーカーズ・コレクティブとの違いは、社会的協同組合が社会的に不利な立場にある人たちの労働者協同組合である点である。

（9） 「民間」というのは制度的に政府から独立したもので、政府からの支援を受けないという意味ではない。

（10） 朝倉美江は、自らの悩みや恥だと思われることをあえて人々に隠さず伝えていく関係を普段からつくっておくことが重要であると述べている。ただし、互酬性の文化の下では、無償の援助は自尊心が犯されることから、対等の関係をつくるためには、有償の仕組みは不可欠である（朝倉 二〇〇二、八八-八九頁）。

（11） T・H・マーシャルはイギリスの三百年の近代化の過程を市民権の全般的拡大の過程として捉えた。すなわち、市民権は、「市民的権利」（自由に契約を結ぶ個人の権利）→「政治的権利」（選挙権の拡大）→「社会的権利」という過程を辿って発展した。ここに、社会的市民権とは共同社会の全員に割り当てられた対等の権利であり、とりわけ国家からさまざまな給付を受ける権利を指している（ピアソン 一九九六、五一-五二頁）。

（12） 天野正子によれば、よく言われる生活者というのは、生活の基本が人間の自己生産（生命の再生産）であることを自覚している者、自立・自律の市民、自分や自分の家族のことを考えるとともに、地域や国、国際的視野も広げることのできる人間を指している（天野 二〇〇五、三六頁）。

（13） 男女の社会的格差の問題を「生活者の論理」でくくるだけでは、性差別の問題は見えなくなってしまう。非営利・協同領域の活動が社会的に意味をもつためには、女性の自立を抑圧してきた日常性を常に問題にし、男女平等な人間観を基礎としなければならない（佐藤慶幸 一九九六、四八、一〇八、一一六頁）。

# 引用参考文献

赤林朗（一九九四）「職業としてのささえあい」森岡正博編著『「ささえあい」の人間学』法藏館。

朝倉美江（二〇〇二）『生活福祉と生活協同組合福祉——福祉ＮＰＯの可能性』同時代社。

天野正子（一九九九）『老いの近代』岩波書店。

——（二〇〇五）『「つきあい」の戦後史——サークル・ネットワークの拓く地平』吉川弘文館。

網野善彦（一九九八）『東と西の語る日本の歴史』〈講談社学術文庫〉講談社。

——（二〇〇三）『『忘れられた日本人』を読む』岩波書店。

有泉貞夫（一九七三）「柳田國男考」神島二郎編『柳田國男研究』筑摩書房。

有賀喜左衛門（一九六七）［初版一九五五］「公と私——義理と人情」『有賀喜左衛門著作集　第四巻　封建遺制と近代』未來社。

阿部謹也（一九九九）『日本社会で生きるということ』朝日新聞社。

石田雄（一九六八）「日本における法的思考の発展と基本的人権」東京大学社会科学研究所編『基本的人権２　歴史１』東京大学出版会。

石田友三（一九九五）『ヨコ社会の理論——暮らしの思想とは何か』影書房。

一番ヶ瀬康子（一九八四）『生活学の展開』ドメス出版。

——（一九九八）『生活福祉の成立』ドメス出版。

——（二〇〇六）「介護福祉士の基礎としての家政学」『建帛社だより「土筆」』二〇〇六年九月一日号。

一番ヶ瀬康子・河畠修・小林博・園田碩也（一九九七）『福祉文化論』有斐閣。

伊藤幹治（一九七二）「柳田国男と文明批判の論理」『現代のエスプリ　柳田国男』五七号。

井上達夫（二〇〇一）『現代の貧困』岩波書店。

岩田正美（一九八五）「書評　一番ヶ瀬康子著『生活学の展開』」『国民生活研究』第二四巻四号。

岩本通弥（一九七七）「都市における民衆生活誌序説――「サラリーマンの民俗学」の可能性」『史誌』八号。

ウェーバー（一九六〇）［原著一九二二］世良晃志郎訳『支配の社会学Ⅰ』創文社。

――（一九六二）［原著一九二二］世良晃志郎訳『支配の社会学Ⅱ』創文社。

――（一九九八）［原著一九〇四］富永祐治・立野保男訳、折原浩補訳『社会科学と社会政策にかかわる認識の「客観性」』〈岩波文庫〉岩波書店。

内田芳明（一九六八）『ヴェーバー社会科学の基礎研究』岩波書店。

内田義彦（一九六七）『日本資本主義の思想像』岩波書店。

宇津木三郎（二〇〇三ａ）「報徳思想と日本近代化発展との関係」『報徳思想と中国文化　二宮尊徳思想論叢Ⅰ』学苑出版社。

――（二〇〇三ｂ）「日本近代化発展と尊徳思想」『大倉山論集』第四九号。

海野福寿・加藤隆（一九七八）『殖産興業と報徳運動』東洋経済新報社。

江口英一・氏原正治郎（一九五五）「都市における貧困層の分布と形成に関する一資料㈠」『社会科学研究』第八巻一号。

江口英一（一九七〇）「都市における労働者の生活水準」『労働教育』七八号。

――（一九七二）「社会福祉と貧困」『月刊福祉』第五五巻一号。

――（一九七九）『現代の「低所得層」（上）』未來社。

――（一九八〇）『現代の「低所得層」（中）』未來社。

――（一九八一）「社会福祉研究の視角――本書の編成に当たって」江口英一編『社会福祉と貧困』法律文化社。

――（一九八二）「「低消費」水準生活と社会保障の方向」小沼正編『社会福祉の課題と展望』川島書店。

エンゲル（一九四一）［原著一八九五］森戸辰男訳『ベルギー労働者家族の生活費〈統計学古典選集第12巻〉』栗田書店。

遠藤興一（一九八四）「嘱託としての留岡幸助」『明治学院論叢　社会学社会福祉研究』第六五・六六合併号。

大熊信行（一九七四）『生命再生産の理論（上）』東洋経済新報社。

大竹美登利（二〇〇八）「隣接学会との連携――家庭科教育学会を中心に」『日本家政学会誌』五九巻九号。

大塚達雄・阿部志郎・秋山智久編（一九八九）『社会福祉実践の思想』ミネルヴァ書房。

大藤修（二〇〇一）『近世の村と生活文化――村落から生まれた知恵と報徳仕法』吉川弘文館。

――（二〇〇五）「「土の哲学」と「金銭の哲学」――守田志郎著『二宮尊徳』の論評を通して」『報徳学』第二号。

岡知史（一九九九）『セルフヘルプグループ　わかちあい・ひとりだち・ときはなち』星和書店。

岡田与好（一九八四）「「福祉国家」理念の形成」東京大学社会科学研究所『福祉国家Ⅰ　福祉国家の形成』東京大学出版会。

岡村重夫（一九五三）「福祉と生活――社会福祉の対象領域について」『大阪市立大学家政学部紀要』一巻一号。

――（一九五八）「社会事業家の進むべき道」『中部社会事業』七号。

――（一九五九）「社会福祉行政試論」『都市問題研究』一一巻一二号。

――（一九六八）『全訂社会福祉学（総論）』柴田書店。

――（一九六九）「地方自治と社会福祉」『季刊社会保障研究』五巻二号。

――（一九七〇）『地域福祉研究』柴田書店。

――（一九七一）「社会福祉における「住民参加」の概念」『関西学院大学社会学部紀要』二二号。

――（一九七二）「老人福祉の理論とサービス体系」岡村重夫・三浦文夫編『講座日本の老人2　老人の福祉と社会保障』垣内出版。

――（一九七三）「地域福祉の概念」『地域福祉研究紀要』第一集。

――（一九七四ａ）『地域福祉論』光生館。

――（一九七四ｂ）「「住民主体」の原則とコミュニティ資源」『月刊福祉』五七巻八号。

――（一九七六）「福祉教育の目的」伊藤隆二他編『福祉の思想・入門講座③　福祉の教育』柏樹社。

――（一九七七）「ケースワーク50年」『社会福祉研究』二〇号。

――（一九七九ａ）「新隠居論序説」『社会福祉論集』一七・一八号。

――（一九七九ｂ）「社会福祉固有の視点と方法」岡村重夫他『社会福祉体系３　社会福祉の方法』勁草書房。

――（一九八三）『社会福祉原論』全国社会福祉協議会。

――（一九八八）「福祉社会論の検討」福武直・阿部志郎編『明日の福祉10　21世紀の福祉』中央法規出版。

岡村重夫・黒川昭登（一九七一）『家族福祉論』ミネルヴァ書房。

恩田守雄（二〇〇六）『互助社会論――ユイ、モヤイ、テツダイの民俗社会学』世界思想社。

角田修一（一九八三）「マルクス経済学と生活様式」『経済』年三月号。

加藤周一・丸山眞男（一九九八）「歴史意識と文化のパターン」『丸山眞男座談７　一九六六－一九七六年』岩波書店。

兼田麗子（二〇〇三）『福祉実践にかけた先駆者たち――留岡幸助と大原孫三郎』藤原書店。

神島二郎（一九六一）「民俗学の方法論的基礎――認識対象の問題」『文学』二九巻七号。

河内敏夫（一九八一）「宮本先生との出会い」宮本常一先生追悼文集編集委員会『宮本常一――同時代の証言』日本観光文化研究所。

川野祐二（二〇〇七）「結社型による近代報徳運動の発展と組織運営に関する研究序論」『非営利法人研究学会誌』第九号。

川添登（一九八二）『生活学の提唱』ドメス出版。

篭山京（一九五八）『教育実践講座第９巻　技術教育の実践（家庭編）』国土社。

――（一九六九）「解説」『大河内一男著作集第四巻　戦時社会政策論・国民生活の課題』青林書院新社。

――（一九八二）『三訂　家庭管理学』光生館。

――――（一九八四ａ）篭山京「生活構造研究の経過と課題」『現代社会学18　特集生活構造論』一〇巻一号。

――――（一九八四ｂ）「家庭経済の変動と安定」大河内一男・篭山京『家庭経済学　第二版』光生館。

――――（一九八四ｃ）［初版一九四三］『篭山京著作集第五巻　国民生活の構造』ドメス出版。

橘川俊忠（一九八〇）『近代批判の思想』論創社。

久野収（一九六〇）「市民主義の成立――一つの対話」『思想の科学』一九号。

黒澤貞夫（二〇〇六）『生活支援学の構想――その理論と実践の統合を目指して』川島書店。

クロポトキン（一九九六）［原著一九〇二］大杉栄訳・現代語訳同時代社編集部『相互扶助論』同時代社。

見城禎治（二〇〇九）『近代報徳思想と日本社会』ぺりかん社。

後藤総一郎（一九七二ａ）『柳田國男論序説』伝統と現代社。

――――（一九七二ｂ）「柳田国男と常民・天皇制・学問」『現代のエスプリ　柳田国男』五七号。

今和次郎（一九七一ａ）『今和次郎集1　考現学』ドメス出版。

――――（一九七一ｂ）『今和次郎集5　生活学』ドメス出版。

――――（一九七一ｃ）『今和次郎集6　家政論』ドメス出版。

――――（一九七一ｄ）『今和次郎集2　民家論』ドメス出版。

――――（一九七二ａ）『今和次郎集8　服装研究』ドメス出版。

――――（一九七二ｂ）『今和次郎集9　造形論』ドメス出版。

今野裕昭（一九九二）「都市コミュニティ形成と住民意識に関する一考察――神戸市真野地区の「まちづくり」運動の事例」『社会学評論』四三巻三号。

作田啓一（一九九六）『個人』三省堂。

桜井徳太郎（一九七四）「結集の原点」鶴見和子・市井三郎編『思想の冒険』筑摩書房。

佐々井信太郎（一九七七）［初版一九三二］「原理解題」『二宮尊徳全集（復刻版）第一巻』龍渓書舎。

笹倉秀夫（一九八八）『丸山真男論ノート』みすず書房。

佐武弘章（一九七九）『社会福祉思想の成立』新評論。

佐藤幸治（一九九五）『現代法律講座5　憲法〔第三版〕』青林書院。

佐藤俊一（二〇〇四）『対人援助の臨床福祉学――「臨床への学」から「臨床からの学」へ』中央法規出版。

佐藤利夫（一九八一）「八年前の手紙」宮本常一先生追悼文集編集委員会『宮本常一――同時代の証言』日本観光文化研究所。

佐藤慶幸（一九九六）『女性と協同組合の社会学――生活クラブからのメッセージ』文眞堂。

――（二〇〇四）「リスク社会とＮＰＯ」『龍谷大学経営学論集』四四巻二号。

さなだゆきたか（二〇〇二）『宮本常一の伝説』阿吽社。

佐野眞一（一九九六）『旅する巨人――宮本常一と渋沢敬三』文芸春秋。

鹿野政直（一九六九）『資本主義形成期の秩序意識』筑摩書房。

下程勇吉（一九六五）『二宮尊徳の人間学的研究』広池学園出版部。

嶋田啓一郎（一九八〇）「ラスキンと留岡幸助――経済と倫理の接点を求めて」『キリスト教社会問題研究』第二八号。

下山瑛・水本浩・早川和男・和田八束（一九七九）『住宅政策の提言』ドメス出版。

下田平裕身（一九八四）「シンポジュウム　日本の労働問題Ⅲ　労働者の生活と意識　基調報告」『日本労働協会雑誌』三〇五号。

静岡新聞社（一九九六）『草の根の思想』静岡新聞社。

柴田周二（一九九五）『生活研究序説』ナカニシヤ出版。

神野直彦（二〇〇二）『地域再生の経済学』〈中公新書〉中央公論新社。

榛村純一（二〇〇七）『中日両国で尊徳を見直す』大日本報徳社。

スコッチポル（二〇〇七）〔原著二〇〇三〕河田潤一訳『失われた民主主義――メンバーシップからマネージメントへ』慶

応義塾大学出版会。

スタンレー／ワイズ（一九八七）〔原著一九八三〕矢野和江訳『フェミニズム社会科学に向って』勁草書房。

住田昌二（二〇〇七）『西山夘三の住宅・都市論――その現代的検証』日本経済評論社。

杉山光信（一九八三）『思想とその装置1　戦後啓蒙と社会科学の思想』新曜社。

セン（二〇〇六）〔原著二〇〇〇、二〇〇二‐二〇〇四〕東郷えりか訳『人間の安全保障』〈集英社新書〉集英社。

高桑守史（一九八〇）「民俗学における都市研究の諸前提」『山口大学教養部紀要』一四号。

――（二〇〇九）「都市民俗学研究ノート」有末賢・内田忠賢・倉石忠彦・小林忠雄編『都市民俗基本論文集第Ⅰ巻』岩田書院。

竹内孝仁（一九九五）『医療は「生活」に出会えるか』医歯薬出版。

――（一九九八）『介護基礎学』医歯薬出版。

武川正吾（一九九九）『福祉社会の社会政策――続・福祉国家と市民社会』法律文化社。

――（二〇〇六）『地域福祉の主流化』法律文化社。

竹田聴洲（一九六七）「常民という概念について――民俗学批判の批判によせて」『日本民俗学会報』四九号。

谷内明夫（一九八一）「宮本常一先生との出あい」宮本常一先生追悼文集編集委員会『宮本常一――同時代の証言』日本観光文化研究所。

谷川健一（一九七一）『常民への照射』冬樹社。

谷沢明（一九八一）「先生から教えられたこと」宮本常一先生追悼文集編集委員会『宮本常一――同時代の証言』日本観光文化研究所。

玉城哲（一九七七）『稲作文化と日本人』現代評論社。

――（一九七八）『むら社会と現代』毎日新聞社。

玉野井芳郎（一九九〇）『玉野井芳郎著作集3　地域主義からの出発』学陽書房。

田村善次郎（一九八一）「編者あとがき」宮本常一『宮本常一著作集26 民の知恵を訪ねて』未來社。

中鉢正美（一九五四）『家庭生活の構造――生活構造論序説』好学社。

――（一九五六）『生活構造論』好学社。

――（一九五七）「社会保障と社会階層の理論」『三田学会雑誌』五一巻上。

――（一九七四）「現代における貧困の意味」『季刊社会保障研究』九巻四号。

――（一九八五）「生活構造論の提唱」『三田学会雑誌』七八巻三号。

鶴見和子（一九七二）「われらのうちなる原始人」『現代のエスプリ　柳田国男』五七号。

暉峻淑子（二〇〇三）『豊かさの条件』〈岩波新書〉岩波書店。

傳田功（一九六二）『近代日本経済思想の研究』未來社。

ドゥフルニ（二〇〇四）［原著二〇〇一］「サードセクターから社会的企業へ」内山哲朗・石塚秀雄・柳沢敏勝訳『社会的企業　雇用・福祉のEUサードセクター』日本経済評論社。

トクヴィル（二〇〇八）［原著一八四〇］松本礼二訳『アメリカのデモクラシー第二巻（上）』〈岩波文庫〉岩波書店。

泊イクヨ（二〇〇一）「問いかけたいこと語りかけたいこと」石田一紀・泊イクヨ・藤田博久『高齢・精神障害者とホームヘルパー――生きる意欲を高める家事援助の真価』萌文社。

富田高慶（一九三三）［初版一八八三］『報徳記』〈岩波文庫〉岩波書店。

富田守（二〇〇一）「家政学とはどういう学問か」富田守・松岡明子『家政学概論――生活総合科学へのアプローチ』朝倉書店。

富永健一（一九八九）「保守化とポスト・モダンのあいだ――日本戦後史における「近代化」の到達点」『世界』五二五号。

留岡幸助（一九〇六）『二宮翁と諸家』人道社。

――（一九〇九）『二宮尊徳と其風化』警醒社書店。

――（一九三三）「二宮尊徳小観」牧野虎次『留岡幸助君古希記念集』友愛書房。

――（一九七八）『留岡幸助著作集　第二巻』同朋舎。

――（一九七九）『留岡幸助著作集　第三巻』同朋舎。

鳥越皓之（二〇〇一）「常民と自然」『国立歴史民俗博物館研究報告』第八七集。

中井信彦（一九七九）「史学としての社会史――社会史にかんする覚書」『思想』六六三号。

中村雄二郎（一九七六）「日本の近代と村落共同体」『村落・報徳地主制――日本近代の基底』東洋経済新報社。

中川清（一九八六）「生活変動と生活研究への一視点――生活構造論を中心として」『三田学会雑誌』七八巻六号。

奈良本辰也（一九五九）『二宮尊徳』〈岩波新書〉岩波書店。

成瀬龍夫（一九八八年）『生活様式の経済理論』御茶ノ水書房。

長浜功（一九九五）『彷徨のまなざし――宮本常一の旅と学問』明石書店。

西山夘三（一九四七）『これからのすまい――住様式の話』相模書房。

――（一九五六）『現代の建築』〈岩波新書〉岩波書店。

――（一九六七）『住宅計画』勁草書房。

――（一九六八ａ）『地域空間論』勁草書房。

――（一九六八ｂ）『住居論』勁草書房。

――（一九六九）『建築論』勁草書房。

――（一九七一）「都市計画と町づくり」講座『現代日本の都市問題2　都市計画と町づくり』汐文社。

――（一九七二）「21世紀にむかう国土設計の課題」西山夘三編『二一世紀の設計4　国土の構想』勁草書房。

――（一九七三ａ）「都市づくりから国づくりへ――都市の構想」『岩波講座　現代都市政策Ⅸ　都市政策の展望』岩波書店。

――（一九七三ｂ）「都市化の時代と人間環境の破壊」『講座　現代日本の都市問題1　現代資本主義と都市問題』汐文社。

――――（一九七四）「生活空間の科学――西山夘三先生退官記念講演」『西山夘三先生退官記念集録』西山夘三先生退官記念事業会。

――――（一九七七）「生活科学と住居学」西山夘三編『住居学ノート』勁草書房。

――――（一九八八）「インタビュー　都市における居住思想」『建築雑誌』一二七〇号。

二宮康裕（二〇〇八）『日記・書簡・仕法書・著作から見た二宮金次郎の人生と思想』麗澤大学出版会。

二文字理明（二〇〇〇）「現代日本における福祉教育の必要性と必然性――福祉教育に関する日瑞比較研究（Ⅰ）」『大阪教育大学紀要第Ⅳ部門』第四九巻一号。

日本家政学会家政学原論部会（二〇〇二）『家政学　未来への挑戦――全米スコッツデイル会議におけるホーム・エコノミストの選択』建帛社。

日本家政学会家政学原論部会若手研究者による『家政学原論』を読む会（二〇〇六）『若手研究者が読む『家政学原論』２００６』家政教育社。

根岸久子（二〇〇四）「生活・福祉を通じる協同の主体形成」田代洋一編著『21世紀の農業・農村第４巻――日本農村の主体形成』筑波書房。

橋本和孝（一九八七年）『生活様式の社会理論』東信堂。

パットナム（二〇〇一）［原著一九九三］河田潤一訳『哲学する民主主義――伝統と改革の市民的構造』ＮＴＴ出版。

浜口一夫（一九八一）「宮本常一先生のこと――歩く　見る　聞く」宮本常一先生追悼文集編集委員会『宮本常一――同時代の証言』日本観光文化研究所。

葉山澄子（一九八一）「折にふれて」宮本常一先生追悼文集編集委員会『宮本常一――同時代の証言』日本観光文化研究所。

ピアソン（一九九六）［原著一九九一］田中浩・神谷直樹訳『曲がり角にきた福祉国家――福祉の新政治経済学』未來社。

広井良典（二〇〇六）『持続可能な福祉社会「もうひとつの日本」の構想』〈ちくま新書〉筑摩書房。

日高六郎「市民と市民運動」（一九七三）『岩波講座現代都市政策Ⅱ　市民参加』岩波書店。

福住正兄（一九五八）［初版一八七四］『富国捷径』佐々井典比古『訳注富国捷径』一円融合会。

――（一九七三）［初版一八八四］『二宮翁夜話』奈良本辰也『日本思想体系五二　二宮尊徳・大原幽学』岩波書店。

藤井敦史（二〇〇四）「NPO論を超えて――社会的企業論の可能性」『都市問題』第九五巻八号。

藤田省三（一九六〇）「昭和十五年を中心とする転向の状況」思想の科学研究会『共同研究　転向（中巻）』平凡社。

ベラー他（一九九一）［原著一九八五］島薗進・中村圭志共訳『心の習慣――アメリカ個人主義のゆくえ』みすず書房。

前田寿紀（二〇〇二）「二宮尊徳の報徳思想・報徳仕法の内在論理と近代日本における報徳社によるその継承」『淑徳大学社会学部研究紀要』第三六号。

正岡謙司（二〇〇九）『社会的企業はなぜ世界を変えるのか』西田書店。

松本健一（一九七七）『時代の刻印』現代書館。

松本礼二（一九九七）「知識人の時代と日本」『思想』八七二号。

松原昭（一九八五）「現代資本主義と生活様式」『早稲田商学』三〇八号。

丸山眞男（一九六一）『日本の思想』〈岩波新書〉岩波書店。

――（一九六四）『現代政治の思想と行動（増補版）』未來社。

――（一九六八）［原著一九六五］松沢弘陽訳「個人析出のさまざまなパターン――近代日本をケースとして」M・ジャンセン編、細谷千博編訳『日本における近代化の問題』岩波書店。

――（一九九二a）［初版一九七二］「歴史意識の『古層』」『忠誠と反逆――転形期日本の精神史的位相』岩波書店。

――（一九九二b）［初版一九六二］「思想史の考え方について――類型・範囲・大正」『忠誠と反逆――転形期日本の精神史的位相』岩波書店。

――（一九八四）「原型・古層・執拗低音」加藤周一・木下順二・丸山眞男・武田清子編『日本文化のかくれた形』岩波書店。

――（一九八六）『「文明論の概略」を読む（中）』〈岩波新書〉岩波書店。

三浦典子（一九八四）「生活構造概念の展開と収斂」『現代社会学18　特集生活構造論』第一〇巻一号。

三戸公（一九七六）『公と私』未來社。

宮本常一（一九六三）『村の若者たち』家の光協会。

――――（一九六四）「大杉栄訳『相互扶助論』を読んで」『図書新聞』（昭和三九年九月一九日）。

――――（一九六七ａ）『宮本常一著作集2　日本の中央と地方』未來社。

――――（一九六七ｂ）『宮本常一著作集3　風土と文化』未來社。

――――（一九六七ｃ）『宮本常一著作集6　家郷の訓・愛情は子供と共に』未來社。

――――（一九六八ａ）『宮本常一著作集1　民俗学への道』未來社。

――――（一九六八ｂ）『宮本常一著作集7　ふるさとの生活、日本の村』未來社。

――――（一九六九ａ）『宮本常一著作集4　日本の離島　第一集』未來社。

――――（一九六九ｂ）『宮本常一著作集8　日本の子供たち・海をひらいた人びと』未來社。

――――（一九七〇ａ）『宮本常一著作集5　日本の離島　第二集』未來社。

――――（一九七〇ｂ）『宮本常一著作集9　民間暦』未來社。

――――（一九七一）『宮本常一著作集10　忘れられた日本人』未來社。

――――（一九七二ａ）『宮本常一著作集11　中世社会の残存』未來社。

――――（一九七二ｂ）『宮本常一著作集12　村の崩壊』未來社。

――――（一九七三ａ）『宮本常一著作集13　民衆の文化』未來社。

――――（一九七三ｂ）『宮本常一著作集15　日本を思う』未來社。

――――（一九七五ａ）『宮本常一著作集18　旅と観光』未來社。

――――（一九七五ｂ）『宮本常一著作集20　海の民』未來社。

――――（一九七六ａ）『宮本常一著作集21　庶民の発見』未來社。

――（一九七六b）『宮本常一著作集23　中国山地民俗採訪録』未來社。

――（一九七七）『宮本常一著作集25　村里を行く』未來社。

――（一九七九）『民具学の提唱』未來社。

――（一九八一）『宮本常一著作集26　民の知恵を訪ねて』未來社。

――（一九八三）『宮本常一著作集別集2　民話とことわざ』未來社。

――（一九八四a）『宮本常一著作集29　中国風土記』未來社。

――（一九八四b）『宮本常一著作集30　民俗のふるさと』未來社。

――（一九八四c）『古川古松軒の旅・イサベラ・バードの旅』未來社。

――（一九八六a）『宮本常一著作集31　旅にまなぶ』未來社。

――（一九八六b）『宮本常一著作集35　離島の旅』未來社。

――（一九八九）『宮本常一著作集34　吉野西奥民俗採訪録』未來社。

――（一九九二）『宮本常一著作集36　越前石徹白民俗誌・その他』未來社。

――（一九九三a）『宮本常一著作集37　河内国瀧畑左近熊太翁旧事談』未來社。

――（一九九三b）『民俗学の旅』〈講談社学術文庫〉講談社。

――（一九九四）『宮本常一著作集38　周防大島を中心としたる海の生活誌』未來社。

――（一九九五）『宮本常一著作集39　大隅半島民俗採訪録』未來社。

――（一九九七a）『宮本常一著作集40　周防大島民俗誌』未來社。

――（一九九七b）『宮本常一著作集41　郷土の歴史』未來社。

――（二〇〇二）『宮本常一著作集42　父母の記／自伝抄』未來社。

――（二〇〇三a）『宮本常一著作集43　自然と日本人』未來社。

――（二〇〇三b）『宮本常一著作集44　民衆文化と造形』未來社。

宮地正人（一九七三）『日露戦後政治史の研究――帝国主義形成の都市と農村』東京大学出版会。

室田保夫（一九九八）『留岡幸助の研究』不二出版。

ミュルダール（一九七一）〔原著一九六九〕丸尾直美訳『社会科学と価値判断』竹内書店。

森悦子・柴田周二（二〇〇八）「「家政学」と「生活支援学」」『介護福祉学』一五巻一号。

森岡正博（一九九四）「福祉の社会システムと南北問題」森岡正博編著『「ささえあい」の人間学』法蔵館。

安永寿延（一九七二）「民族の発見」『現代のエスプリ　柳田国男』五七号。

安丸良夫（一九七四）『日本の近代化と民衆思想』青木書店。

――（二〇〇六）「二宮尊徳思想研究の課題」『報徳思想研究の過去と未来　二宮尊徳思想論叢Ⅱ』学苑出版社。

柳田國男（一九九七）〔初版一九〇六〕「報徳社と信用組合との比較」『柳田國男全集（第二巻）』筑摩書房。

――（一九九八a）〔初版一九二九〕「都市と農村」『柳田國男全集（第四巻）』筑摩書房。

――（一九九八b）〔初版一九三一〕「明治大正史　世相篇」『柳田國男全集（第五巻）』筑摩書房。

――（一九九八c）〔初版一九三五〕「国史と民俗学」『柳田國男全集（第一四巻）』筑摩書房。

――（二〇〇三）〔初版一九四一〕「女性生活史」『柳田國男全集（第三〇巻）』筑摩書房。

柳田國男・川島武宜（一九六四a）〔初版一九四九〕「婚姻と家の問題」『柳田國男対談集』筑摩書房。

柳田國男・桑原武夫（一九六四b）〔初版一九五八〕「日本人の道徳意識」『柳田國男対談集』筑摩書房。

山折哲雄（二〇〇八）「危機における経済倫理――二宮尊徳の場合」『報徳思想と経済倫理　二宮尊徳思想論叢Ⅲ』学苑出版社。

山崎正和（一九八四）『柔らかい個人主義の誕生――消費社会の美学』中央公論社。

八木繁樹（一九八三）『定本報徳読本』緑蔭書房。

吉野正治（一九八〇）『生活様式の理論』光生館。

吉田久一（一九八九）『日本社会福祉思想史』川島書店。

米原謙（一九九五）『日本的「近代」への問い――思想史としての戦後政治』〈シリーズ〈政治思想の現在〉⑤〉新評論。

米山俊直（一九八一）「現代の聖――宮本先生から学ぶこと」『未來』一七九号。

ロブソン（一九八〇）［原著一九七六］辻清明・星野信也訳『福祉国家と福祉社会』東京大学出版会。

# あとがき

筆者は、これまで、社会における個人のあり方を中心に、福祉社会とそれを形成する人間類型との関係について、文化や社会の日常性、すなわち「生活」に基礎を置いて考察してきた。

筆者が生活研究に関与するようになったのは、勤務先の家政学科における「生活経済学」の講義がきっかけである。従来、主としてマックス・ウェーバーの社会学方法論を研究しており、改めて、生活と経済の関係やその把握方法を解明する必要に迫られた。その際、手にしたのが『今和次郎集』〈全九巻〉（ドメス出版）である。今和次郎の生活研究は柳田國男の影響のもとに大正時代から始まり、戦前までに民家論、考現学、服装論などが展開され、戦後になって、これらが「生活学」や「家政論」として一つに統合された。そこには、生活を幅広い視点から眺め、人間の生き方や倫理を含めて考察しようとする今和次郎の「生活の求道者」（川添登）としての姿が窺われ、日常生活を研究の起点とすることの意味を認識すると同時に、マックス・ウェーバーの「エートス」論に共通する多くのものを感じた。

その後、戦後日本の生活研究の方法論を中心に研究を進め、その成果を、『生活研究序説――戦後日本の生活研究』（ナカニシヤ出版、一九九五年）としてまとめ、戦後日本における生活研究の思想とその視座を明確にした。この著作は、国民的規模における自主的人間の確立に当たって、従来の市民社会論者の思考には欠落していた一般民衆の生活習慣や感情を含めた「生活社会」を把握し、欧米の現実から抽象化された社会科学の理論がより現実的なものとなることを目指している。したがって、筆者にとって、生活研究の重点の一つは、日常生活に基礎をおいた日本の生活文化の特徴の把握であった。

この意味で、前著の刊行時から筆者の念頭を離れなかったのは、柳田國男や宮本常一の民俗学である。柳田國男については、かつて、マックス・ウェーバーとの比較でその方法論の特徴を探ったことがあった。その際に、宮本常一の『忘れられた日本人』（岩波文庫、一九八四年）に触れた感動は、かつてマックス・ウェーバー、柳田國男、今和次郎の諸著作に接した時と同様に新鮮であった。そして、未來社から出版されている『宮本常一著作集』を読み進め、日本人の生活文化の地域性と個別性、東西の人間関係の特徴などを知り、子ども時代を過ごした丹波篠山の田舎の生活習慣を思い起こしながら、高度経済成長を契機に激変した日本人の日常生活を追体験した。宮本の著作の本領は、理論的なものより、むしろ吉野・越前・河内・中国・九州などの地域生活のモノグラフにある。そこでは、各地域に生きる人びとの生活信条や哀感が見事に描き出されている。生活研究は、そういうものも含めて研究する一つの学問分野でなければならないと思う。

その後、勤務先の所属が、人間関係学科や社会福祉学科へ変わり、社会福祉方法論や福祉社会論のあり方が重要な研究対象となった。その過程で、かつて論じた岡村重夫の『社会福祉原論』（全国社会福祉協議会、一九八三年）を再検討し、岡村の初期の代表作『全訂　社会福祉学（総論）』（柴田書店、一九六八年）では触れられることのなかった二宮尊徳や報徳社のことが、この書物では相当のページ数にわたって取り上げられていることに気付いた。そこで、最初に読んだのが、富田高慶の『報徳記』（岩波文庫、一九三三年）と福住正兄の『二宮翁夜話』（岩波文庫、一九三三年）である。これらの著作は、いずれも、尊徳の高弟たちによって師の没後に書かれたものであり、そこに記された尊徳の言葉や事績は事実と異なる場合が多々あるという指摘がある。しかし、これらの著作はいずれも、尊徳の社会改良家としてあるいは人間としての偉大さを窺わせるに十分であり、とりわけ『二宮翁夜話』から知る尊徳の実践哲学の毅然たる様に深い感銘を覚えた。尊徳の思想には、筆者がこれまで大きな影響を受けた、マックス・ウェーバー、今和次郎、宮本常一、柳田國男などに加え、波多野精一、宇野弘蔵、丸山眞男らの学問の精神が凝縮されている観があった。思想家、実践活動家として尊徳が果たした役割は大きく、それを継承した報徳運動や報徳社の活動は、筆者の重要な関心事となった。

それにしても、なぜ戦後のある時期から、報徳運動や報徳社は衰退の道をたどったのであろうか。戦後における報徳社の活動や衰退の理由には相当の地域差がある。組織や思想そのものが壊滅した地域から、設立当初の組織と思想を堅持しながら活動を継続している地域まで多様である。こうした相違は何によるものであろうか。地域社会の形成に重要な意味をもつ地域の人間関係のあり方を中心に、その差異が生じた原因を追究し、地域開発や社会的企業の先駆としての報徳社が地域社会に対してもった関係を考察することがこれからの筆者の課題である。

戦後の主要な生活研究のうち、これまで取り上げることのできなかったものも多い。たとえば、有賀喜左衛門の農村社会学、鶴見俊輔の生活哲学などである。これらを考察することによって、生活研究の内容はより豊富化されたであろう。これらの研究もまた筆者の今後の研究対象である。

最後に、前著の刊行時と同様に、変わらぬ寛容と厳しさをもって、本書の編集に当たっていただいたナカニシヤ出版の津久井輝夫氏に感謝を申し上げると同時に、本書を、さまざまな障害や災害に直面しながら日常生活を静謐に生きた、あるいは生きている多くの人びとに捧げる。

なお、初出一覧のうち「生活支援のための「家政学」の基本的視点」(『日本家政学会誌』第六〇巻七号、二〇〇九年七月)は森悦子氏との共著論文であるが、本書への収録に当たっては筆者の執筆部分を加筆した。

また、本書の出版は、一部、京都光華女子大学の助成金を得て行なわれている。

# 初出一覧

第一章　「戦後の生活研究の諸潮流とその特徴」『国民生活研究』（第三一巻二号、一九九一年九月）四四－五五頁。

第二章　「日常生活における個人主義の形成」京大社会思想研究会編『再構築する近代――その矛盾と運動』（全国日本学士会、一九九八年）二〇〇－二二二頁。

第三章　「生活支援のための「家政学」の基本的視点」『日本家政学会誌』（第六〇巻七号、二〇〇九年七月）五一－五五頁。

第四章　「宮本常一の民俗学（一）――慣習と人格形成」『京都光華女子大学研究紀要』（第四三号、二〇〇五年十二月）四一－六九頁。

第五章　「宮本常一の民俗学（二）――慣習と人格形成」『京都光華女子大学研究紀要』（第四四号、二〇〇六年十二月）七一－一〇五頁。

第六章　「福祉民俗学ノート（二）――柳田國男に学ぶ」『福祉文化研究』（第二〇号、二〇一一年三月）九二－一〇〇頁。

第七章　「二宮尊徳と社会福祉」『京都光華女子大学研究紀要』（第四七号、二〇〇九年十二月）八五－一〇五頁。

第八章　「福祉社会の価値意識と協同関係」『京都光華女子大学研究紀要』（第四八号、二〇一〇年十二月）一〇五－一一六頁。

——社会　103, 118, 139

## ハ　行

パブリック・マインド　89
ハレとケ　117
福祉国家　144, 145, 151, 153
福祉社会　*i–iv*, 5, 33, 34, 65, 104, 107, 108, 119, 122, 139, 141, 145, 148, 150, 152, 172
福祉文化　106, 108, 119
福祉民俗学　*iii*, *iv*, 66, 108
分度　132, 133, 136, 141, 151
封建制度　125
封建時代　35, 69, 89, 105
封建社会　86, 91
封建的生活　15
報徳　126, 131, 133–136, 142, 143
　——思想　125–127, 130, 131, 133, 135, 136, 138, 141, 142, 151
報徳運動　126, 130, 134, 138, 141, 142, 151, 174
報徳仕法　*iv*, 125, 127, 128, 130, 131, 134, 147
報徳社　*iv*, 119, 120, 126–130, 134, 136, 138, 141–143, 148, 151, 173, 174
ホーム・エコノミクス　53
ホリスティック・アプローチ(全体性)　58
ホンネとタテマエ　102

## マ　行

町おこし運動　27
町づくり運動　44, 45
民衆の智恵　96, 107
民主主義　14, 32, 85
民俗学　*iii*, 5, 7, 66, 67, 90, 95, 96, 108, 112–114, 120, 173
民俗誌　66
昔話　99
村(ムラ)　21, 67–72, 76, 79, 84, 85, 89, 92, 99, 100, 101, 114, 115, 118, 119

## ヤ・ラ・ワ　行

欲望自然主義　22, 31, 47
ヨコの人間的結合　22, 46, 148
離島　21, 91
流行　14, 15, 33, 36–39
歴史意識　50, 121
連帯　30, 33, 45, 49, 50, 69, 106, 120, 124
　——意識　82, 100, 108, 145
　——関係　148
　社会的——　44, 146
労働力再生産　6, 9, 10, 25
ワーカーズ・コレクティブ　138, 147, 154, 155

生活手段　12, 13, 19, 34, 35, 58
　——における精神　38, 58
生活世界　24, 59
生活態度　14, 16, 22, 25, 33, 35, 43, 48, 58, 112, 116, 126, 132, 135, 141, 145
生活伝承　64, 68
生活認識　24, 60
生活文化　*iv*, 66, 104, 112, 114, 173
生活保障　145, 146, 148
生活問題　4, 8, 10, 15-18, 39-43, 55, 57, 58, 137, 146, 151, 153, 154
　——当事者　10, 13, 15, 16, 41, 43, 55, 61
　——の具体的解決法　13, 15, 17, 42
　——の自主的解決　16
生活様式　*i*, 8, 9, 11, 12, 17, 18, 38, 43, 45, 56, 108, 112, 149
　——論　5, 9, 19, 20
生活力　36, 54, 57, 61
政治革命　15, 37
制度　*ii*, 7, 16, 31, 32, 35, 37, 42, 49, 67, 68, 88, 102, 105, 115, 118, 134, 136, 145, 154
制度化　137, 151, 154
制度支配　39, 41, 42
制度における精神　32, 41, 68
責任　*i*, 72, 79, 113, 145
　——感　22, 53, 87
　——倫理　14, 15, 48
ゼクテ(宗派)　116, 117
世間　31, 69, 88, 89, 102, 105, 145, 147, 148
セルフヘルプグループ　106, 146, 147, 150, 154
専門分業制度　11, 15, 16, 26, 39-41
相互扶助　*i*, *iii*, *iv*, 64-66, 69, 89, 90, 106, 120, 124, 129, 134, 138, 140-143, 146, 150, 151
村落共同体　35, 79, 109, 123, 126, 141, 142, 148

## タ　行

タテ社会　46, 138, 148
タテの原理　20
地域　4, 21, 44-46, 73, 87, 93, 106, 112-114, 129, 133, 138, 139, 141, 142, 145, 149, 155
地域開発　*iv*, 125, 127, 147, 174
地域社会　*iv*, 20, 22, 23, 27, 40, 44-46, 53, 54, 65, 92, 93, 122, 139-141, 146, 149, 174
地域住民　21, 27, 44
地域主義　93
地域生活　*ii*, 153, 173
地方　21, 92, 93, 118
地方改良運動　141, 142
中央　21, 93, 108, 114, 118
付き合い　88, 89, 106, 110, 138
テレビ　71, 81, 84, 85, 99, 154
伝承文化　111-113
伝統的支配　22, 46, 118
当事者　33, 55-58, 66, 68, 147, 153, 154
　——学　57, 61, 95
都市　27, 71-73, 78, 79, 92, 94, 113, 114, 117, 119, 122, 139
都鄙連続体論　113
友達　*iii*, 120, 122

## ナ　行

仲間　86, 88, 95, 96, 107
　——意識　22, 88, 89, 106, 108, 109, 124, 148
二重倫理　68, 102, 119
日常生活　*i*-*iii*, 7, 14, 15, 20, 32-38, 43, 45-48, 112, 145, 146, 149, 152, 172-174
日常的主体性　38, 49
日常倫理　116, 141
　合理的——
日本型福祉社会論　153, 154
日本社会　18, 31, 33, 50, 65, 74, 76, 105, 112, 113, 119, 148
日本人　*iii*, *iv*, 65, 68, 79, 80, 85-88, 90, 98, 102, 106, 108, 111, 115, 121, 145, 150, 173
日本文化　*iii*, 68, 77, 111
人間類型　31, 32, 47, 137, 172
年齢階梯制　74, 101
農協　94, 104, 105, 151
農耕社会　79, 80
農村　114, 119, 122, 125

——の主体的側面　15, 41-43
社会関係資本　140
社会生活の基本的要求　11, 26, 33, 39, 41
社会制度　4, 5, 11, 12, 15, 21, 27, 33, 34, 40-43, 78, 104, 146
社会的企業　*iv*, 27, 146-148, 154, 174
社会的協同組合（ソーシャル・ファーム） 148, 155
社会的経済　152, 155
社会福祉　*iii*, *iv*, 15, 16, 39, 42, 125, 127, 130, 137, 138
——学　*ii*, 5, 11, 15, 16, 22, 27, 34, 39, 43, 49, 65, 124, 150
社会保障　40, 144, 146, 150
習慣　*ii*, 38, 50
住居学　*ii*, 5, 8, 9, 21, 34, 43, 49, 55
習俗　65, 69
住宅運動　44, 46
住宅階層　19
住民　44, 45, 68, 73, 74, 134, 139, 146
——参加　22, 154
——自治　21, 45
主従関係　74-76, 88, 102
主体的生活　14, 37, 59
常会（芋こじ）　134, 142
小生産・小経営者　142, 143
小土地経営　78, 105
消費支出構造　12, 13, 18, 19, 25, 27
消費者的主体性　47
商品経済　69, 70, 84
常民　111-114, 121, 122
職業　12, 18-20, 49, 68
自立小農経営　77
自立的結社　47, 49
自立的個人　*iv*, 32, 47, 48, 50, 105, 106, 120
人格形成　*iii*, 17, 43, 44, 66, 99
人格的服属関係　119
人権　*ii*, 32, 43, 108, 151
心田　125, 129, 133, 141
親密圏　139, 140, 144, 146, 147, 150, 152, 153
推譲　128, 132, 133, 136, 141, 151
生活　*i*, 5, 7-14, 17, 19-25, 31, 35-37, 39-41, 43, 48, 49, 53-57, 60, 61, 66-71, 81, 82, 87, 92-96, 102, 104, 105, 107, 108, 112, 113, 115, 122, 124, 126, 127, 131, 132, 139, 142, 146, 149, 152, 155, 172
——の意味　11, 13, 38
——の階層的構造　17-19
——の階層的把握　17, 20, 27
——の合理化　37, 38
——の質（QOL）　5, 23, 59, 60, 61, 108
——の主体的構造　5
——の主体的把握　13, 27
——の全体的構造　9, 12, 13
——の全体的把握　10, 11, 13, 26, 27
——の多元的把握　25
——の知恵　112
——の不可分割性　10
——の理論　6
——の論理　23, 143
生活意識　*iv*, 8, 113
生活改善　45, 58
生活階層　18
生活科学　8, 9
生活学（今和次郎）　*ii*, 5, 13, 15, 34, 35, 38, 49, 172
生活学（中鉢正美）　6
生活革命　15, 37
生活慣習　119, 131
生活協同組合　146, 147, 154
生活共同体　87, 140, 144
生活研究　*i-iii*, 4, 5, 8-13, 17, 18, 20, 22-26, 33-35, 45, 46, 48, 49, 53, 56, 173, 174
生活構造　6, 7, 11, 12, 18-20
——論　*ii*, 5, 20, 27, 153
生活誌　66
生活史　60
生活支援　*iii*, 52, 55-59, 61
生活思想　14, 25, 27, 37, 131
生活者　10, 13, 16, 39, 41, 42, 45, 48, 52, 54, 55, 66, 155
——の論理　42, 155
——の自己形成の論理　16
——の主体的構造　17
生活社会　144, 145, 173
生活者的主体性　39, 43, 48
生活習慣　5, 173

協同行為　149
協同社会　22
協同性　*iii*, *iv*, 120, 122, 140, 152
協同組織　*iv*, 107, 120, 148
協同体　22, 44, 46, 140
共同体　30, 70, 78, 80, 90, 118, 119, 128, 132, 138, 141, 142
儀礼　14, 15, 35, 36
近代　14, 31, 32, 37, 47, 50, 87, 119, 126
近代化　30-32, 38, 50, 78, 87, 115, 118
近代社会　5, 17, 24, 118
近代主義　15, 50
近代人　38, 80
近代西欧　*ii*, 29, 34, 47, 49, 50, 105, 116, 119, 122
　——社会　30, 49
近代的個我　15
勤労　132, 133, 136, 138, 141, 151
経済効率優先主義　32, 47, 145, 149
経済至上主義　11, 23, 154
経済の論理　9, 25
ゲゼルシャフト(関係)　*i*, 139, 148
結社式仕法　128
ゲノッセンシャフト(関係)　*i*, 22, 139, 148
ゲマインシャフト(関係)　*i*, 139, 148
権限階層制　118, 119
個　31, 47, 48, 79, 107, 108
講　75, 97, 105
公　31, 45, 47, 58
公共意識　46
公共性　112, 145, 146
　市民的——　152
公共精神　28, 45, 150
公共の場所　72
考現学　35, 120, 172
高度経済成長　39, 70, 154
公と私　32, 102, 106, 146
合理　14
　自然科学的——　52, 58
　社会科学的——　52, 58
合理主義　135, 142
効率主義　23
効率性の論理　6, 20, 23
合理的生活　14, 15
合理的日常倫理　13-15, 17, 37, 38
互酬　89, 140
互助　108, 128, 141
　——組織　126
個人　4, 10, 11, 13-17, 20, 22, 24, 25, 29-31, 33, 34, 37, 39-46, 49, 52, 53, 55, 57, 61, 73, 79, 83, 85-87, 91, 105, 115, 118, 120, 127, 134, 136, 137, 139, 141, 145, 148-150, 153, 172
　——意識　30, 119
個人主義　*ii*, *iii*, 28-30, 33, 34, 38, 44, 48-50
　自律的——　33, 38, 49
個人生活　17, 20, 86, 139, 144
個人類型　30, 33, 49
コミュニティ(共同社会)　22, 27, 65, 93, 108, 139, 140, 150, 155
　——オーガナイゼーション　125, 151
　——ディベロップメント　125, 150
　地域——　151


## サ　行


自己形成の論理　43
自己決定　150, 153
自助　58, 128
　——努力　137, 146, 147
至誠　131, 136, 141, 151
私生活主義　22, 45, 47
自治　21, 49, 73, 75, 106, 124, 138, 142
　——形成　44
自治団体(Gemeinde)　22, 46
シツケ　98, 99, 103
実践的総合科学　51, 52, 54-57
支配　49
資本主義　9, 15, 23, 91, 119, 122
資本の論理　6, 7, 9, 20, 23, 45
市民　21, 49, 53, 72, 73, 94, 139, 140, 142, 146, 155
市民権　21, 155
　社会的——　150
市民社会　*i*, 16, 47, 48, 115, 150, 152
　——思想　32, 48
社会階層　8, 17-20, 27, 46
社会関係　6, 11-13, 15, 16, 20, 22, 27
　——の客体的側面　15, 41, 42

パットナム(Robert David Putnam)　140
早川和男　22
福住正兄　125, 127-129, 131, 142, 173
ベヴァリッジ(William Henry Beveridge)　40
ベラー(Robert Neelly Bellah)　30
ポッパー(Karl Raimund Popper)　136
穂積陳重　65

### マ　行

前田寿紀　126
マーシャル(Thomas Humphrey Marshall)　155
マッカーサー(Douglas MacArthur)　87
マルクス　16
丸山眞男　30-32, 50, 68, 118, 121, 123, 174
宮本常一　*iii*, 5, 7, 21, 25, 64-111, 120, 122, 173, 174
ミュルダール(Gunnar Myrdal)　23
森悦子　*iii*, 175

### ヤ・ラ　行

八木繁樹　135, 142
安田善次郎　126
安丸良夫　135, 138, 142
柳田國男　*iii*, 95, 111-123, 173, 174
山崎正和　30
米山俊直　98
リチャーズ(Ellen Richards)　53
ロブソン(William Alexander Robson)　145

# 事 項 索 引

### ア　行

相身互い(相見互い)　77, 89, 90
アソシエーション　107, 108, 139, 140, 149, 155
安民富国　125, 135
家(イエ)　67, 69, 70, 74, 75, 78-80, 83, 88, 100, 110, 115, 116, 118, 119
　――制度　77
ウチとソト　102, 139
エートス　*iv*, 112, 116-119, 121, 137, 172
ＮＰＯ　141, 154, 155
親方子方関係　123
親方子方制　105
親子関係　75-77, 82, 101, 102

### カ　行

家事労働　56, 138, 154
家政学　*iii*, 5, 25, 51-61
家族　6-8, 24, 33, 45, 53, 54, 57, 61, 78, 85, 139, 141-147, 152, 154
　――構成　12, 18, 19, 25, 27
　――中心志向　145
家庭　4, 6, 32, 44, 81, 142
　――生活　5-10, 20, 23, 25, 32-34, 46, 51, 58, 61, 153
家父長制　75, 77
慣習　*i*, *iii*, 6-8, 14, 18, 25, 33, 35-39, 66-68, 74, 78, 79, 102, 108
　――形成過程　7, 8, 18, 25
慣習的生活　14, 36
官僚制　16, 21, 22, 39, 46, 118
企業中心主義　48, 145
企業の社会的責任(ＣＳＲ)　150
基本的人権　*i*-*iii*, 24, 26, 32-34, 37, 47-50, 107
教育　82, 98, 100-103
行事習慣　111
行政式仕法　128
郷土　95, 112, 122
　――研究　81
協同関係　*i*, 140, 146, 147, 150, 154

# 人名索引


## ア 行

安居院義道 125, 128, 131
朝倉美江 149, 154, 155
阿部謹也 145
天野正子 57, 154, 155
石井十次 125
石田梅岩 138
一番ヶ瀬康子 108
一遍 97, 98
伊藤幹治 122
ウェーバー(Max Weber) *iii*, 16, 22, 23, 38, 46, 59, 116-118, 122, 148, 152, 172-174
江口英一 *ii*, 5, 18, 20
エンゲル(Ernst Engel) 60
大熊信行 32
大竹美登利 52
大藤修 133
岡田与好 153
岡田良一郎 120, 125, 128, 138, 142
岡村重夫 *ii*, 5, 11, 12, 15, 16, 22, 26, 27, 34, 39, 41-43, 49, 50, 65, 124, 141, 150, 173

## カ 行

篭山京 *ii*, 5-8, 11, 12, 18, 20, 153
神島二郎 119
川島武宜 120
川添登 172
川野祐二 126
橘川俊忠 115
黒澤貞夫 *iii*, 52, 55, 56, 59
クロポトキン(Pjotr Aljeksjejevich Kropotkin) 64, 90, 104
桑原武夫 115
後藤総一郎 122
今和次郎 *ii*, 5, 9, 13-15, 34-38, 43, 49, 50, 58, 120, 172-174

## サ 行

最澄 98
斉藤高行 125
桜井徳太郎 117
佐々井信太郎 133, 134
佐藤慶幸 148
さなだゆきたか 70
鹿野正直 132
渋沢栄一 126
渋沢敬三 95, 96, 109, 122
嶋田啓一郎 136
セン(Amartya Sen) 61

## タ 行

竹内孝仁 54
武川正吾 154
竹田聴洲 113
玉城哲 115, 118
玉野井芳郎 13
中鉢正美 *ii*, 5-7, 10, 11, 18, 20, 21
長幸男 *i*
寺本恵子 153
ドゥフルニ(Jacques Defourny) 155
トクヴィル(Alexis de Tocqueville) 148, 149
戸坂潤 *i*
泊イクヨ 56
富田高慶 125, 128, 131, 142, 173
富田守 51
留岡幸助 125, 130, 134, 136, 142
鳥越皓之 111, 112

## ナ・ハ 行

長浜功 102
西山夘三 *ii*, 8, 9, 11, 12, 19-21, 25, 28, 34, 43-46, 49, 50, 149
二宮尊徳(二宮金次郎) 124-143, 147, 151, 173, 174

■著者略歴

柴田周二（しばた・しゅうじ）

1948年　兵庫県に生まれる。
1972年　京都大学経済学部卒業。
1979年　京都大学大学院経済学研究科博士課程単位取得退学。
　　　　博士（経済学）。
現　在　京都光華女子大学教授（専攻／社会経済学）。
著　書　『生活研究序説』（ナカニシヤ出版，1995年），『生活経済学』（ソルト出版，1988年），『福祉社会の再構築』〔共編〕（ミネルヴァ書房，2008年），『生活支援のための家政学概論』〔共編〕（ミネルヴァ書房，2005年），『くらしの経済学』〔共編〕（ナカニシヤ出版，1996年），『転換期のくらしと経済』〔共著〕（ナカニシヤ出版，2002年），『生活と環境の人間学』〔共著〕（昭和堂，2000年），『再構築する近代』〔共著〕（全国日本学士会，1998年），他。



**生活の思想と福祉社会**

2011年7月7日　初版第1刷発行

著　者　柴　田　周　二

発行者　中　西　健　夫

発行所　株式会社　ナカニシヤ出版

〒606-8161　京都市左京区一乗寺木ノ本町15

TEL　(075)723-0111

FAX　(075)723-0095

http://www.nakanishiya.co.jp/





印刷・製本／創栄図書印刷

＊乱丁本・落丁本はお取り替え致します。

ISBN978-4-7795-0530-0　Printed in Japan.

## くらしの経済学

梅澤直樹・柴田周二・二階堂達郎 編

自らの生活経験に密着したミクロな経済問題から出発して、経済の国際化や環境問題までを見通し、さらに本当の豊かさとはなにかを日常の目の高さから見直す、生活のための経済学。

二七三〇円

## 転換期のくらしと経済

梅澤直樹・柴田周二・二階堂達郎・只友景士

家計、労働、教育、財政、社会保障などから環境問題、国際経済まで、生活のあり方とそのゆくえを根本的に捉え直す。くらしに密着した目線の高さで社会の仕組みをやさしく語る、「身の丈サイズ」の経済学。

二七三〇円

## 福祉実践と地域社会
―鹿児島の人と福祉のあり方―

特定非営利活動法人福祉21かごしま 監修
高橋信行・久木元 司 編著

地域福祉の先進地、鹿児島の経験を報告。実践で得た多くの成果や課題の集約・分析に加え、現場の福祉人たちの苦労・喜びまでを纏めた、福祉問題を考える人や福祉の道を志す人たちにとっての格好の手引書。

二六二五円

## 闘う地域社会
―平成の大合併と小規模自治体―

青木康容・田村雅夫 編

「平成の大合併」により変貌する地域社会に迫る。各地の実例調査と統計分析により地方の現状を検証し、自律への道を探る共同研究の成果であり、今後の地方政策を考えるうえでの基礎となる一冊。

二九四〇円

表示は二〇一一年七月現在の税込価格です。